PUT U ŽIVOT

Put u život

ALDIVAN TORRES

Canary Of Joy

CONTENTS

1- 1

1

Put u život
Aldivan Torres
Put u život
Autor: Aldivan Torres
© 2020- Aldivan Torres
Sva prava pridržana.
Serija: Kultiviranje mudrosti
Ova knjiga, uključujući sve dijelove, zaštićena je autorskim pravima i ne može se reproducirati bez odobrenja autora, pre-prodati ili preuzeti.

Vidjelica je pisac objedinjen u nekoliko žanrova. Do sada su naslovi objavljeni na desecima jezika. Od malih nogu uvijek je zaljubljenik u pisanje, konsolidiravši profesionalnu karijeru od druge polovice 2013. Nada se da će svojim spisima pridonijeti međunarodnoj kulturi, izazivajući zadovoljstvo čitanja u onih koji nemaju naviku. Vaša je misija osvojiti srca svakog vašeg čitatelja. Uz književnost, glavna zabava su mu glazba, putovanja, prijatelji, obitelj i užitak u samom životu. "Za književnost, jednakost, bratstvo, pravdu, dostojanstvo i čast ljudskog bića uvijek je" njegov moto.
Nastavi
Put
Znajući biti kritičan
Zakon povratka

Vrijeme muke
Omjer berbe biljaka
Dati ili ne dati milostinju?
Čin poučavanja i učenja
Kako postupati pred izdajom
Ljubav generira više ljubavi
Djelujte u ime siromašnih, isključenih i podređenih
Završna poruka
Put blagostanja
Put
Putovi do Boga
Dobri majstori i šegrti
Dobre prakse za zadržavanje prisebnosti
Vrijednost kroz primjer
Osjećaj u svemiru
Osjećam se božanstveno
Promjena rutine
Svjetska nejednakost nasuprot pravdi
Snaga glazbe
Kako se boriti protiv zla
Ja sam neshvatljiv
Doživljavanje problema
Na poslu
Putujući
Traženje prava
Vjerujte u punu ljubav
Znati upravljati vezom
Masaža
Usvajanje moralnih vrijednosti
Imati duh pravog prijatelja
Radnje koje treba promatrati
Briga za hranjenje
Savjeti za dugo i dobro življenje

Ples
Post
Pojam Boga
Koraci poboljšanja
Karakteristike uma
Kako bih se trebao osjećati?
Uloga obrazovanja
Zaključak
Pobjeda vjerom
Pobjeda nad duhovnim i tjelesnim neprijateljima
Odnos čovjek-Bog
Vjerujući u Jahvu u boli
Biti pošten čovjek vjere
Kristovi
Misija čovjeka
Budi Krist
Dvije staze
Izbor
Moje iskustvo
Odredište
Kraljevstvo svjetlosti, listopad 1982
Misija
Značenje vizije
Autentičnost u iskvarenom svijetu
Tuga u teškim vremenima
Živjeti u iskvarenom svijetu
Dok god postoji dobro, zemlja će ostati
Pravednici se neće uzdrmati
Budi izuzetak
Moja tvrđava
Vrijednosti
Traženje unutarnjeg mira
Bog Stvoritelj

Prava ljubav
Prepoznaj se grešnikom i ograničenim
Utjecaj suvremenog svijeta
Kako se integrirati s ocem
Važnost komunikacije
Međuovisnost i mudrost stvari
Ne krivite nikoga
Biti dijelom cjeline
Ne buni se
Pogledajte s druge točke gledišta
Istina
Razmislite o drugom
Zaboravi na probleme
Rođenje i smrt lica kao procesi
Besmrtnost
Imajte proaktivna stav
Bog je duh
Vizija vjere
Slijedite moje zapovijedi
Mrtva vjera
Imati drugu viziju
Iz slabosti proizlazi snaga
Što učiniti u osjetljivoj financijskoj situaciji
Suočavanje s obiteljskim problemima
Prevladavanje bolesti ili čak smrti
Upoznavanje sebe
Sophia
Pravda
Sklonište u pravo vrijeme
Zavođenje svijeta nasuprot Božjem putu
Upoznavanje Jahve
Pravednici i odnos s Jahvom
Odnos s Jahvom

Što biste trebali učiniti
Dajem vam svu svoju nadu
Prijateljstvo
Oprost
Pronalaženje puta
Kako živjeti na poslu
Život s teško raspoloženim ljudima na poslu
Priprema za samostalni prihod od rada
Analizirajući mogućnosti specijalizacije na studijama
Kako živjeti u obitelji
Što je obitelj
Kako poštovati i biti poštovan
Financijska ovisnost
Važnost primjera
Put

    Hodajte s dobrim dečkima i imat ćete mir. Hodajte s negativcima i bit ćete nesretni. Reci mi s kim se družiš, a ja ću ti reći tko si. Ova mudra izreka otkriva koliko je važno biti selektivan u prijateljstvu. Međutim, vjerujem da je sve to iskustvo učenja. Morate pogriješiti da biste naučili ili morate eksperimentirati da biste znali što volite. Iskustvo je iskonski čimbenik za evoluciju ljudskog bića jer smo lutajuća bića podvrgnuta stvarnosti pomirenja i dokaza.

    Znajući biti kritičan

    Neprestano se razvijamo bićima. Normalno je kritizirati sebe i uvijek želite poboljšati svoje performanse u svojim svakodnevnim aktivnostima. Ali ne zahtijevajte previše od sebe. Vrijeme uči i sazrijeva vaše ideje. Podijelite svoje zadatke na takav način da imate dovoljno razonode. Preopterećeni um ne proizvodi ništa prikladno. Postoji vrijeme sadnje i berbe.

    Potrebna je empatija i kontrola. Ako vaš partner pogriješi, dajte mu dobar savjet, ali nemojte ga ponovno stvarati. Zapamtite da ne možemo suditi drugoga jer smo također nesavršena i manjkava bića. Bio bi to slijepac koji bi vodio drugog slijepca i koji ne bi donio plod. Razmislite, planirajte i ostvarite. Oni su nužni stupovi za uspjeh.

Ako ste šef, zahtijevajte vještine od svojih podređenih, ali također budite razumljivi i ljudski raspoloženi. Radno okruženje opterećeno teškim i negativnim vibracijama samo koči naš razvoj. Potrebna je suradnja, isporuka, rad, odlučnost, planiranje, kontrola i tolerancija u radnom okruženju. To se naziva demokratizacija rada, bitna stavka u poslovanju, jer je naše društvo pluralno i višeznačno. Stoga okoliš mora biti mjesto socijalne uključenosti.

Kupci i potrošači dive se velikim tvrtkama koje teže uključivanju i održivosti. To stvara vrlo pozitivnu sliku unutar i izvan organizacije. Uz to, vrijednosti jedinstva, marljivosti, dostojanstva i časti doprinose trajnosti poslovanja. U ovom slučaju preporučujem točan sastanak s visokokvalificiranim stručnjacima kao što su: psiholog, tehničar za ljudske odnose, administratori, uspješni menadžeri, pisci, zdravstveni radnici.

Gospodari života

U velikoj smo misiji pred potpuno neravnopravnom gomilom. Neki imaju više znanja, a drugi manje znanja. Međutim, svatko od nas može podučavati ili učiti. Mudrost se ne mjeri prema dobi ili socijalnom stanju, ona je božanski dar. Tada možemo pronaći prosjaka koji je mudriji od uspješnog poslovnog čovjeka. Ne mjeri se financijskom moći, već konstrukcijom vrijednosti koja nas čini više ljudima. Uspjeh ili neuspjeh samo su posljedica naših djela.

Naši prvi majstori su naši roditelji. Istina je da je naša obitelj naša baza vrijednosti. Tada imamo kontakt s društvom i u školi. Sve se to odražava na našu osobnost. Iako uvijek imamo moć izbora. Nazvan slobodnom voljom, uvjet je slobode svih bića i mora se poštivati. Slobodan sam odabrati svoj put, ali moram snositi i posljedice. Zapamtite, primili smo samo ono što sadimo. Zato ga nazivate dobrim stablom, ono je koje daje dobre plodove.

Rođeni smo s predispozicijom za dobro, ali često nam okoliš donosi štetu. Dijete u stanju represije i bijede ne razvija se na isti način kao bogato dijete. To se naziva socijalna nejednakost, gdje malo ljudi ima puno novca, a mnogi su siromašni. Nejednakost je veliko zlo svijeta. Velika je nepravda koja donosi dio patnje i oštećenja stanovništvu s manje privilegija. Mislim da nam treba više politika socijalne uključenosti. Trebamo posao, prihode i mogućnosti. Mislim da je dobročinstvo zapanjujući ljubavni čin, ali mislim da je ponižavajuće živjeti upravo to. Trebaju nam rad i pristojni uvjeti za preživljavanje. Moramo se nadati boljim danima. Kako je dobro kupovati stvari svojim radom i ne biti diskriminirani. Moramo imati priliku svih, bez ikakve diskriminacije. Trebaju nam poslovi za crnce, autohtone ljude, žene, homoseksualce, transseksualce, svejedno, za sve.

Mislim da bi izlaz iz novog modela održivosti bio zajednički rad elite s vladom. Manje poreza, više financijskih poticaja, manje birokracije pomoglo bi smanjiti nejednakost. Zašto osobi trebaju milijarde na bankovnom računu? To je potpuno nepotrebno čak i ako je plod vašeg rada. Moramo oporezivati veliku sreću. Također moramo prikupiti radne i porezne dugove velikih tvrtki da bismo generirali dividende. Zašto privilegirati bogatu klasu? Svi smo mi građani s pravima i dužnostima. Isti smo pred zakonom, ali zapravo smo nejednaki.

Zakon povratka

Vrijeme muke

Kad dođe vrijeme tjeskobe i kad se čini da sve nepravedne napreduju, budite uvjereni. Prije ili kasnije, oni će pasti, a pravednici će pobijediti. Jahve ovi su putevi nepoznati, ali su ispravni i mudri, on vas ni u jednom trenutku neće napustiti iako vas svijet osuđuje. Čini to tako da se njegovo ime održava iz generacije u generaciju.

Omjer berbe biljaka

Sve što radiš na zemlji zbog sebe zapisano je u knjigu života. Svako vijeće, donacija, odvajanje, novčana pomoć, lijepe riječi, komplimenti, suradnja u dobrotvornim djelima, korak je do napretka i sreće. Nemojte misliti da je pomaganje drugome najveće dobro za pomoć. Naprotiv, vaša djela najviše profitiraju vašom dušom i možete dobiti više letove. Imajte u sebi svijest da ništa nije besplatno, dobro koje smo danas dobili sadimo u prošlosti. Jeste li ikada vidjeli kako se kuća sama podupire bez temelja? Tako se i to događa sa svakim našim postupkom.

Dati ili ne dati milostinju?

Živimo u svijetu okrutnom i punom prevaranata. Uobičajeno je da mnogi ljudi s dobrim financijskim uvjetima traže milostinju za obogaćivanje, prikriveni čin krađe koji isisava ionako zabrinjavajuću plaću radnika. Suočeni sa ovom svakodnevnom situacijom, mnogi odbijaju pomoći u susret zahtjevu za milostinjom. Je li ovo najbolja opcija?

Najbolje je analizirati od slučaja do slučaja, osjetiti namjeru osobe. Na ulici su bezbrojne pošasti, ne postoji način da se svima pomogne, to je istina. Ali kad ti srce dopusti, pomozi. Čak i ako se radi o prijevari, grijeh će biti u namjeri druge osobe. Učinili ste svoj dio, pridonijeli manje svjetskom i nejednakom svijetu. Čestitke tebi.

Čin poučavanja i učenja

Nalazimo se u svijetu pomirenja i iskušenja, u svijetu koji se neprestano mijenja. Da bismo se prilagodili ovom okruženju, nalazimo se u bogatom procesu poučavanja i učenja koji se odražava u svim okruženjima. Iskoristite ovu priliku, upijajte dobre, a negirajte one loše kako bi vaša duša mogla evoluirati na putu prema ocu.

Uvijek budite zahvalni. Hvala Bogu na vašoj obitelji, prijateljima, suputnicima, životnim učiteljima i svima onima koji vjeruju u vas. Vratite svemiru dio svoje sreće tako što ćete biti apostol dobra. Zaista vrijedi.

Kako postupati pred izdajom

Budite oprezni s ljudima, ne vjerujte tako lako. Lažni prijatelji neće dobro razmisliti i pred svima iznesti svoju tajnu. Kada se to dogodi, najbolje je napraviti korak unatrag i postaviti stvari na svoja mjesta. Ako ste mogli i dovoljno ste evoluirali, oprostite. Oprost će osloboditi vašu dušu od ogorčenja, a tada ćete biti spremni za nova iskustva. Opraštati ne znači zaboraviti, jer kad slomite povjerenje, više se nećete vratiti.

Imajte na umu zakon povratka koji je najpravedniji zakon od svih. Sve što drugom učinite loše, vratit će se s kamatama da biste ih platili. Dakle, ne brinite o šteti koju su vam nanijeli, bit ćete tu za svoje neprijatelje, a Bog će postupiti ispravno dajući vam ono što svi zaslužuju.

Ljubav generira više ljubavi

Neka je blagoslovljen onaj koji je iskusio ljubav ili strast. To je najuzvišeniji osjećaj koji uključuje davanje, odricanje, predaju, razumijevanje, toleranciju i odvojenost od materijala. Međutim, nemamo uvijek osjećaj da nam voljena osoba uzvrati i tada se javlja bol i zaprepaštenje. Potrebno je vrijeme da se odvagne i poštuje ovo razdoblje. Kad se osjećate bolje, krenite dalje i ne žalite ni za čim. Svidjelo vam se, i kao nagradu Bog će pokazati drugoj osobi put, da će i ona ići svojim putem naprijed. Velika je vjerojatnost da će je drugi odbiti da plati za nanesenu patnju. Ovo ponovno započinje začarani krug u kojem nikad nemamo onoga koga stvarno volimo.

Djelujte u ime siromašnih, isključenih i podređenih

Potražite pomoć beskućnicima, siročadi, prostitutkama, napuštenima i nevoljenima. Vaša će nagrada biti sjajna jer vam se ne mogu odužiti dobroj volji.

U tvrtki, školi, obitelji i društvu općenito se prema svima jednako odnose bez obzira na njihovu socijalnu klasu, vjeru, etničku pripadnost, spolni izbor, hijerarhiju ili bilo koju specifičnost. Tolerancija je velika vrlina za vas što imate pristup najvišim nebeskim dvorovima.

Završna poruka

Eto, to je poruka koju sam želio dati. Nadam se da će vam ovih nekoliko redaka prosvijetliti srce i učiniti vas boljom osobom. Zapamtite: uvijek je vrijeme da se promijenite i učinite dobro. Pridružite nam se u ovom lancu dobra za bolji svijet. Vidimo se sljedeću priču.

Put blagostanja

Put

Ljudsko biće u svoj svojoj svijesti ima dvije dimenzije koje treba promatrati: način na koji sebe vidi i način na koji ga društvo vidi. Najveća je pogreška koju on može napraviti pokušavajući udovoljiti standardu društva poput našeg. Živimo u svijetu koji je uglavnom pred rasuđen, neravnopravan, tiranija, okrutan, zao, prepun izdaja, laži i materijalnih iluzija. Apsorbiranje dobrih učenja i autentičnost najbolji je način da se osjećate prihvaćajući sebe.

Učenje i bolje poznavanje sebe, oslanjanje na dobre vrijednosti, sviđanje sebi i drugima, vrednovanje obitelji i bavljenje dobročinstvom načini su pronalaska uspjeha i sreće. U ovoj će putanji biti padova, pobjeda, tuga, sreće, trenutaka razonode, rata i mira. Važno je u svemu tome zadržati se s vjerom u sebe i većom snagom bez obzira na vaše uvjerenje.

Bitno je ostaviti sve loše uspomene iza sebe i nastaviti sa svojim životom. Budite sigurni da Jahve Bog priprema dobra iznenađenja u kojima ćete osjetiti istinsko zadovoljstvo življenja. Imajte optimizma i ustrajnosti.

Putovi do Boga

Sin sam oca, onoga koji je došao pomoći ovoj dimenziji u istinski dosljednoj evoluciji. Kad sam stigao, otkrio sam čovječanstvo potpuno zbrkano i odvratilo se od osnovnog cilja svog oca u stvaranju istog. Danas ono što najčešće vidimo su sitni, sebični, nevjernički Božji ljudi, konkurentni, pohlepni i zavidni. Žao mi je tih ljudi i nastojim im pomoći na najbolji mogući način. Svojim primjerom mogu pokazati osobine koje moj otac zaista želi da njeguju: solidarnost, razumijevanje, suradnja, jednakost, bratstvo, druženje, milosrđe, pravda, vjera, kandža, ustrajnost, nada, dostojanstvo i nadasve ljubav među bićima.

Drugi je glavni problem ljudski ponos što je dio favorizirane grupe ili klase. Kažem ti; ovo nije žuč pred Bogom. Kažem vam da imate raširene ruke i srca da primite svoju djecu bez obzira na vašu rasu, boju kože, vjeru, društvenu klasu, seksualnu orijentaciju, političku stranku, regiju ili bilo koju specifičnost. Svi su jednaki u pitanjima pred svojim ocem. Međutim, nekima više pomažu njihova djela i ugodna duša.

Vrijeme brzo teče. Dakle, ne propustite priliku surađivati za bolji i pravedniji svemir. Pomozite oboljelima, bolesnima, siromašnima, prijateljima, neprijateljima, poznanicima, strancima, obitelji, strancima, muškarcima i ženama, djeci, mladima ili starijima, ukratko, pomozite bez očekivanja odmazde. Velika će biti vaša nagrada pred ocem.

Dobri majstori i šegrti

Nalazimo se u svijetu pomirenja i dokaza. Mi smo međuovisna bića i nedostaje nam naklonosti, ljubavi, materijalnih resursa i pažnje. Svatko tijekom svog života stječe iskustvo i prenosi nešto dobro najbližima. Ova uzajamna razmjena bitna je za postizanje stanja punog mira i sreće. Razumijevanje vlastitog, razumijevanje tuđe boli, zalaganje za pravdu, preobražavanje pojmova i doživljavanje slobode koju znanje pruža neprocjenjivo je. Dobro je što vas nitko ne može ukrasti.

Tijekom svog života imao sam sjajne učitelje: mog duhovnog i tjelesnog oca, moju majku sa njenom slatkoćom, učitelje, prijatelje, obitelj općenito, poznanike, suradnike, skrbnika, Anđela, hinduistu, svećenicu, Renato (moj pustolovni partner), Philip Andrews (Čovjek obilježen tragedijom), toliko drugih likova koji su svojom osobnošću obilježili moju priču. U zastoju povijesti, kroz svoje sam knjige podučavao svoje nećake i čitavo čovječanstvo. Dobro sam odradio obje uloge i tražim svoj identitet. Ključno je pitanje ostaviti dobro sjeme jer, kako je Isus rekao: pravednici će sjati poput sunca u kraljevstvu svoga oca.

Dobre prakse za zadržavanje prisebnosti

Postoje različiti načini da se svijet vidi i navikne na njega. U mom konkretnom slučaju, mogao bih održati stabilnost nakon dugo vremena unutarnje duhovne pripreme. Iz svog iskustva mogu dati savjete kako se orijentirati pred nestalnošću života: ne pijte alkohol, ne pušite, ne koristite nikakve droge, radite, zaokupite se ugodnim aktivnostima, izlazite s prijateljima, šetati, putovati u dobrom društvu, dobro se hraniti i oblačiti, stupiti u kontakt s prirodom, pobjeći od navale i animacije, odmoriti se, slušati glazbu, čitati knjige, ispunjavati domaće obaveze, biti vjeran svojim vrijednostima i uvjerenjima, poštivati starije , brinite se o uputama mlađih, budite pobožni, razumljivi i tolerantni, okupite se u svoju duhovnu skupinu, molite, vjerujte, a ne teme. Sudbina će vam nekako otvoriti dobra vrata i onda pronaći svoj put. Puno sreće je ono što želim svima.

Vrijednost kroz primjer

Čovjek se ogleda kroz njegova djela. Ova mudra izreka pokazuje točno kako se moramo ponašati da bismo postigli blaženstvo. Čovjeku nema koristi imati konsolidirane vrijednosti ako ih ne provodi u praksi. Više od dobre namjere trebaju nam konsolidirani stavovi da bi se svijet potom transformirao.

Osjećaj u svemiru

Naučite poznavati sebe, više cijeniti sebe i surađivati za dobro drugih. Velik dio naših problema proizlazi iz strahova i nedostataka. Znajući svoje slabosti, možemo ih popraviti i planirati u budućnosti poboljšati se kao čovjek.

Slijedite svoju etiku ne zaboravljajući pravo onih koji su uz vas. Uvijek budite nepristrani, pošteni i velikodušni. Način na koji se ophodite sa svijetom imat će uspjeh odmazde, mir i spokoj. Ne budite previše izbirljivi sa sobom. Pokušajte uživati u svakom trenutku života iz perspektive učenja. Sljedeći ćete put znati kako točno postupiti.

Osjećam se božanstveno

Ništa nije slučajno i sve što postoji u svemiru ima svoju važnost. Budite sretni zbog dara života, zbog prilike da dišete, hodate, radite, vidite, grlite, ljubite i dajete ljubav. Nitko nije izolirani komad; mi smo dio opreme svemira. Pokušajte raditi jednostavne vježbe mentalne veze. U slobodnim trenucima idite u svoju sobu, sjednite na svoj krevet, zatvorite oči i razmislite o sebi i samom svemiru. Kako se opuštate, vaši će problemi biti ostavljeni i primijetit ćete pristup božanskoj poveznici. Pokušajte se usredotočiti na svjetlost na kraju tunela. Ovo svjetlo donosi vam nadu da je moguće promijeniti se, izbrisati pogreške iz prošlosti, oprostiti sebi i pomiriti se s neprijateljima sklapajući ih s prijateljima. Zaboravite na borbe, ogorčenost, strah i sumnje. Sve vam to samo stane na put. Najaktivniji smo kad razumijemo jedni druge i kad imamo mogućnost krenuti dalje. Hvala vam što ste zdravi i što još uvijek imate vremena za rješavanje problema na čekanju.

Mi smo sinovi oca; stvoreni smo da pomognemo planetu da se razvija i da također budemo sretni. Da, možemo sve imati ako smo toga vrijedni. Neki su sretni sami, drugi uz suputnika, drugi baveći se religijom ili vjerom, a treći pomažući drugima. Sreća je relativna. Nikada nemojte zaboraviti i da će biti dana očaja i tame i da u ovom trenutku vaša vjera mora biti prisutnija. Suočavajući se s boli, pronalazak izlaza ponekad je prilično složen. Međutim, imamo Boga koji nas nikada ne napušta, čak i ako to drugi čine. Razgovarajte s njim i tada ćete stvari bolje razumjeti.

Promjena rutine

Danas je svijet postao velika utrka s vremenom za opstanak. Na poslu često provodimo više vremena nego s obitelji. To nije uvijek zdravo, ali postaje neophodno. Uzmite slobodne dane da malo promijenite svoju rutinu. Izađite s prijateljima, supružnikom, idite u parkove, kazališta, peljajte se na planine, kupajte se u rijeci ili na moru, idite u posjet rodbini, idite u kino, nogometni stadion, čitajte knjige, gledajte TV, surfajte internetom i stvarajte nove prijatelji. Moramo promijeniti rutinski pogled na stvari. Moramo znati malo ovog ogromnog svijeta i uživati u onome što je Bogu ostalo. Pomislite da nismo vječni, da se u bilo kojem trenutku nešto može dogoditi, a vi više niste među nama. Dakle, ne ostavljajte za sutra ono što danas možete učiniti. Na kraju dana, hvala vam na prilici da budete živi. Ovo je najveći poklon koji smo dobili.

Svjetska nejednakost nasuprot pravdi

Živimo u suludom, konkurentnom i nejednakom svijetu. Osjećaj nekažnjivosti, beznađa, srebroljublja i ravnodušnosti prevladava. Sve ono što je Isus učio u prošlosti većinu vremena ne provodi se u praksi. Pa, koji je smisao da se on tako snažno bori za bolji svijet ako ga ne cijenimo?

Lako je reći da razumijete bol drugoga, ponekad imate solidarnost i suosjećanje kad vidite sliku na internetu ili čak na ulici pred napuštenom maloljetnicom. Teško je imati stav i pokušati promijeniti ovu priču. Nesumnjivo je bijeda svijeta vrlo velika i mi ne možemo svima pomoći. Bog to neće zahtijevati od vas na suđenju. Međutim, ako barem možete pomoći susjedu, već će biti dobre veličine. Ali tko je naš sljedeći? To je vaš nezaposleni brat, vaš tužni susjed zbog gubitka žene, vaš suradnik treba vaše vodstvo. Svaki vaš čin, koliko god malen bio, broji se u aspektu evolucije. Zapamtite: Mi smo ono što su naša djela.

Uvijek pokušajte pomoći. Neću zahtijevati vaše savršenstvo; ovo je nešto što ne postoji na ovom svijetu. Ono što želim je da volite svog susjeda, mog oca i sebe. Ovdje sam da vam ponovo pokažem koliko je velika moja ljubav prema čovječanstvu iako to ne zaslužuje. Jako patim od ljudske bijede i pokušat ću je koristiti kao instrument svoje dobre volje. Međutim, trebam vaše dopuštenje da bih mogao glumiti u vašem životu. Jeste li spremni zaista živjeti moju i volju moga oca? Odgovor na ovo pitanje bit će konačna prekretnica u njegovom postojanju.

Snaga glazbe

Nešto vrlo opuštajuće i što toplo preporučujem za dosege mira i ljudske evolucije je slušanje glazbe. Kroz tekstove i melodiju naš um putuje i osjeća točno ono što autor želi proći. Često nas to oslobađa svih zala koja nosimo tijekom dana. Pritisak društva je toliko velik da nas često pogađaju negativne i zavidne misli drugih. Glazba nas oslobađa i tješi potpuno razjašnjavanjem misli.

Imam eklektičan ukus za glazbu. Volim rock, funk, brazilsku popularnu glazbu, internacionalnu, romantičnu, zemlja ili bilo kakvu kvalitetnu glazbu. Glazba me nadahnjuje i često ih pišući čujem o tihim glazbenim preferencijama. Učini i to i vidjet ćeš veliku razliku u kvaliteti života.

Kako se boriti protiv zla

Živimo dualnost u svemiru od pada velikog zmaja. Ta se stvarnost odražava i ovdje na zemlji. S jedne strane, pošteni ljudi koji žele živjeti i surađivati i drugi gadovi koji traže tuđu nesreću. Iako je sila zla crna magija, snaga dobra je molitva. Ne zaboravite se preporučiti ocu barem jednom dnevno kako vas sila tame ne bi pogodila.

Kao što je Isus poučavao, ne bojte se čovjeka koji mu može oduzeti život, teme koja može osuditi njegovu dušu. Slobodnom voljom možete jednostavno odbiti navalu neprijatelja. Izbor za dobro ili zlo samo je vaš. Kad griješiš, ne opravdavaj se. Prepoznajte svoju pogrešku i pokušajte više ne propustiti.

Stav koji sam imao u životu potpuno je promijenio moj odnos sa svemirom i s Bogom. Želio sam da se Gospodovah volja ostvari u mom životu i tada Duh Sveti može djelovati. Od tada sam imao samo uspjeha i sreće jer sam poslušan. Danas živim u punoj zajednici sa svojim tvorcem i drago mi je zbog toga. Ne zaboravite da je to vaš izbor.

Ja sam neshvatljiv

Tko sam ja? Odakle sam došla? Kamo ću ići? Koji je moj cilj? Ja sam neshvatljiv. Ja sam duh sjevera koji puše od tamo do ovdje bez smjera. Nadalje, ja sam ljubav, vjera pravednika, nada djece, ja sam ruka pomoći onima koji pate, ja sam savjet koji sam dobro dao, ja sam vaša savjest koja upozorava na opasnost, ja sam taj koji oživljava dušu, ja oproštenje sam, pomirenje sam, razumijem i uvijek ću vjerovati u vaš oporavak i prije grijeha. Ja sam Davidova mladica, prva i zadnja, ja sam Božja providnost koja stvara svjetove. Ja sam mali sanjarski pupoljak sjeveroistoka predodređen za osvajanje svijeta. Nadalje, ja sam božanski za najintimnije, vidioca ili jednostavno Božjeg sina po pravu. Spustio sam se po nalogu svog oca kako bih ih ponovno spasio od tame. Preda mnom nema moći, vlasti ili kraljevstva jer sam ja Kralj Kraljeva. Ja sam vaš Bog nemogućeg što može preobraziti vaš život. Uvijek vjerujte u to.

Doživljavanje problema

Kao božanstven, mogu sve i u ljudskom obliku živim sa slabostima kao i svaka druga. Rođen sam u svijetu ugnjetavanja, siromaštva, teškoća i ravnodušnosti. Razumijem tvoju bol kao nitko drugi. Nadalje, duboko u tvojoj duši vidim tvoje sumnje i tvoj strah od onoga što može doći. Svjestan toga, znam točno kako se najbolje suočiti s njima.

Ja sam tvoj najbolji prijatelj, onaj koji je kraj tebe svaki sat. Možda se ne poznajemo ili nisam fizički prisutan, ali mogu djelovati kroz ljude i u duhu. Želim najbolje za tvoj život. Ne budite buntovni i shvatite razlog neuspjeha. Razlog je taj što je nešto pripremljeno za nešto bolje, nešto što nikada niste zamislili. To sam naučio iz svog iskustva. Doživjela sam intenzivan trenutak očaja u kojem mi nije pomoglo nijedno živo biće. Otprilike potpuno istrošen, otac me spasio i pokazao svoju neizmjernu ljubav. Želim se odužiti i učiniti isto ostatku čovječanstva.

Znam točno što se događa u vašem životu. Nadalje, ponekad znam da se čini da vas nitko ne razumije, a čini mi se kao da ste sami. U tim trenucima traženje logičnog objašnjenja ne pomaže. Istina je, postoji velika razlika između ljudske i moje ljubavi. Iako je prva gotovo uvijek uključena u igru interesa, moja ljubav je uzvišena i vrhunska. Odgojio sam te, pružio ti dar života i svakim danom osvanem kraj tebe kroz svog anđela. Stalo mi je do tebe i tvoje obitelji. Nadalje, jako mi je žao kad patite i to je odbijeno. Znajte da u meni nikada nećete dobiti negativ. U međuvremenu, molim vas da razumijete moje planove i prihvatite ih. Stvorio sam čitav svemir i znam više od tebe na najbolji način. Neki to nazivaju odredištem ili predodređenjem. Koliko god se sve čini pogrešnim, sve ima značenje i kreće se prema uspjehu ako ste zasluženi.

Ovdje je među vama netko tko je volio i tko voli. Moja vječna ljubav nikada neće proći. Moja ljubav je puna i nema zahtjeva. Samo imajte konsolidirane vrijednosti dobrog čovjeka. Ne želim u mene stavljati riječi mržnje, rasizma, predrasuda, nepravde ili prezira. Ja nisam taj Bog kojeg oni slikaju. Ako me želite upoznati, učite preko moje djece. Mir i dobro svima.

Na poslu

Nije dobro što čovjek ima nezauzet um. Ako gajimo nerad, nećemo prestati razmišljati o problemima, nemiru, strahovima, svojoj sramoti, razočaranjima, patnjama i nestalnosti sadašnjosti i budućnosti. Bog je čovjeku ostavio baštinu rada. Osim što je stvar preživljavanja, rad ispunjava našu najdublju prazninu. Osjećaj korisnosti sebi i društvu jedinstven je.

Imati mogućnost zaposlenja, profesionalnog rasta, jačanja odnosa prijateljstva i naklonosti te razvijanja kao čovjeka velik je dar rezultat njihovih nježnijih napora. Budite sretni zbog toga u kriznim vremenima. Koliko očeva i majki nije željelo biti na vašem mjestu? Stvarnost u našoj zemlji je sve veća nezaposlenost, nejednakost, neuračunljivost, ravnodušnost i politička ravnodušnost.

Učini svoj dio. Održavajte zdravo okruženje na poslu u kojem provodite veći dio dana. Međutim, nemojte imati toliko očekivanja i nemojte brkati stvari. Prijatelje obično u životu i na poslu nađete samo s kolegama, osim rijetkih izuzetaka. Važno je strogo se pridržavati svojih obveza koje uključuju prisustvo, točnost, ažurnost, učinkovitost, odgovornost i predanost. Budite primjer ponašanja unutar i izvan vašeg sloma.

Putujući

Bog je divan, moćan i nema premca. Zbog svoje velike ljubavi želio je stvoriti stvari i kroz njegovu riječ one su postojale. Sve materijalne, nematerijalne, vidljive i nevidljive stvari donose slavu stvoritelju. Među tim stvarima je i čovjek. Smatrana majušnom točkom u svemiru, ona može vidjeti, osjećati, komunicirati, opažati i ostvariti. Ovdje smo da budemo sretni.

Iskoristite mogućnosti koje vam život pruža i upoznajte malo ovaj svemir. Očarat će vas mala i velika prirodna djela. Osjetite svježi zrak, more, rijeku, šumu, planine i sebe. Razmislite o svojim stavovima i iskustvima tijekom svog života. Vjerujte, ovo će vam pružiti kvalitetu života i osjećaj neopisivog mira. Budi sretan sada. Ne ostavljajte to za kasnije jer je budućnost neizvjesna.

Traženje prava

Budite punopravni građanin koji u potpunosti živi svoja prava. Točno znajte svoje dužnosti i obveze. Ako su prekršene, možete tražiti pravno sredstvo na sudu. Čak i ako vaš zahtjev nije ispunjen, vaša će savjest biti čista i spremna za dalje. Imajte na umu da je jedina pravednost koja ne propada božanska i s pravim stavovima doći će vaš blagoslov.

Vjerujte u punu ljubav

Danas živimo u svijetu u kojem dominiraju interes, opačina i nerazumijevanje. Demotivirajuće je shvatiti da ono što doista želimo za nas ne postoji ili je apsolutno rijetko. S obezvređivanjem bića i istinske ljubavi, ponestaje nam alternativa. Dovoljno sam patila od životnih izazova i iz svog iskustva još uvijek vjerujem u nadu, iako možda daleku. Vjerujem da postoji duhovni otac u drugoj ravni koji promatra sva naša djela. Njegova djela tijekom njegove karijere akreditirat će buduću sreću zajedno s posebnom osobom. Budite optimistični, ustrajni i vjerujte.

Znati upravljati vezom

Ljubav je božanska. Budući da je taj osjećaj izrazio kao želja za dobrobiti drugog pojedinca. U procesu dostizanja ove faze, morate znati. Znanje očara, razočara ili amorfno. Znanje kako se nositi sa svakom od ovih faza zadatak je dobrog administratora. Koristeći jezični lik, naklonost se može usporediti s biljkom. Ako ga često zalijevamo, narast će i roditi dobro voće i cvijeće. Ako je preziremo, uvenula je, propada i završava. Biti u vezi može biti nešto pozitivno ili negativno, ovisno o tome s kim smo. Živjeti zajedno za par veliki je izazov modernog doba. Sad kad samo ljubav nije dovoljna za produženje zajednice, nešto je što uključuje šire čimbenike. Međutim, on je moćno utočište u vremenima muke i očaja.

Masaža

Masaža je izvrsna vježba koja se može izvoditi. Tko primatelj ima priliku iskusiti užitak izazvan opuštanjem mišića? Međutim, mora se paziti da se ne pretjera proporcionalnost trenja između ruku i obrađenog područja. Možete to još bolje iskoristiti kada dođe do razmjene između dvoje ljudi koji se vole.

Usvajanje moralnih vrijednosti

Dobre smjernice su ključne za razvijanje osjećaja koji može uspostaviti iskrene, realne, uživane i istinske veze. Kao što se kaže, obitelj je osnova svega. Ako smo u njoj, dobri smo roditelji, djeca, braća i suputnici, bit ćemo i izvan nje.

Vježbajte etiku vrijednosti koja vas može uputiti na put blagostanja. Mislite na sebe, ali i na pravo drugog uvijek s poštovanjem. Pokušajte biti sretni iako vas um slabi i obeshrabruje. Nitko zapravo ne zna što se događa ako ne djeluje i ne pokuša. Najviše što se može dogoditi je neuspjeh, a stvoreni su da nas uvježbaju i stvore od stvarnih pobjednika.

Imati duh pravog prijatelja

Kad je Isus bio na zemlji, ostavio nam je model ponašanja i primjer koji bismo trebali slijediti. Njegov najveći čin bio je predaja na križu za naše grijehe. U tome leži vrijednost istinskog prijateljstva, darivanja svog života za drugoga. Tko bi u vašem životu to stvarno učinio za vas? Dobro pogledajte. Ako je vaš odgovor pozitivan, cijenite ovu osobu i iskreno je volite jer je takav osjećaj rijedak. Ne uništavajte ovu vezu ni za što. Uzvratite djelima i riječima malo ove velike ljubavi i budite sretni.

Radnje koje treba promatrati

1. Činite drugima ono što biste željeli da oni čine vama. To uključuje druženje, dobročinstvo, ljubaznost, velikodušnost i nastojanje da ne naštete drugima. Nemate dimenziju patnje zbog pogrešno postavljenih riječi. Koristite ovu moć samo da pružite dobro i utjehu drugima jer ne znamo kakva nam je sudbina.
2. Budi neprijatelj laži i uvijek hodaj s istinom. Koliko god to bilo, bolje je priznati sve što se dogodilo. Ne opravdavajte se ili ne ublažavajte vijesti. Budi jasan.
3. Ne kradi ono što je od drugoga i ne priječi na putu tuđim životima. Budite pošteni u pogledu plaćanja i sposobnosti računa. Ne gajite zavist, klevetu ili laž s drugima.
4. Svi smo dio cjeline poznate kao Bog, sudbina ili kozmička svijest. Da bi se održao sklad, suučesništvo i zajedništvo u vezi, potreban je ogroman napor kako bi se klonili stvari iz svijeta. Uvijek vježbajte dobro i vaš će se put postupno tražiti do nebeskog oca. Kao što sam rekao, ne boj se ničega. Za razliku od onoga što mnoge religije slikaju, moj otac nije krvnik ili fanatik, on uzdiže ljubav, toleranciju, velikodušnost, jednakost i prijateljstvo. Svatko ima svoje mjesto u mom kraljevstvu ako ga zaradi.
5. Imajte jednostavan i siguran život. Nemojte gomilati materijalna dobra bez potrebe i ne prepuštajte se ekstravagancijama. Sve mora biti u pravoj mjeri. Ako ste bogati

ili bogati, uvijek se bavite umjetnošću darivanja i dobročinstva. Ne znate dobro što će ovo učiniti za vas.
6. Održavajte tijelo, dušu i srce čistim. Ne popuštajte iskušenjima požude, proždrljivosti ili lijenosti.
7. Njegujte optimizam, ljubav, nadu, vjeru i ustrajnost. Nikad ne odustaj od svojih snova.
8. Kad god možete sudjelovati u društvenim projektima zajednice. Svaka akcija za omiljene maloljetnike povećat će njihovo blago na nebu. Dajte prednost ovome moći, novcu, utjecaju ili socijalnom statusu.
9. Naviknite se cijeniti kulturu u raznim manifestacijama. Idite u razgledavanje s prijateljima, u kino, kazalište i čitajte inspirativne knjige. Čarobni svijet književnosti bogat je i raznolik svijet koji će vam donijeti obilje zabave.
10. Meditirajte i razmišljajte o svojoj sadašnjosti i budućnosti. Prošlost više nije važna, pa čak i ako je vaš grijeh tako grimizan, mogao bih vam oprostiti i pokazati svoju pravu ljubav.

Briga za hranjenje

Briga o našem tijelu bitna je za nas da bismo dobro živjeli. Jedna od osnovnih i mnogih važnih stavki je hrana. Usvajanje uravnotežene prehrane najbolji je način za izbjegavanje bolesti. Steknite zdrave navike i jedite hranu bogatu vitaminima, mineralima, vlaknima i proteinima. Također je važno jesti samo ono što je neophodno za preživljavanje izbjegavajući otpad.

Savjeti za dugo i dobro življenje

1. Uvijek držite tijelo i um aktivnim.
2. zabavljanje.
3. Gajite svoje uvjerenje u vezi s drugima.
4. Imati čvrste i izdašne vrijednosti društvenog suživota.

5. Jedite umjereno.
6. Imati odgovarajuću rutinu vježbanja.
7. Spavaj dobro.
8. Budite razumni.
9. Probudite se rano.
10. Puno putujte.

Ples

Ples je kritična vježba za dobrobit pojedinca. Pomaže u borbi protiv starenja, kod problema s leđima i kretanja, povećava pozitivnost. Integriranje sa svakom melodijom nije uvijek lak, ali ugodan i nagrađujući zadatak. Imajte naviku u ovoj vježbi i pokušajte biti sretni.

Post

Post je prikladan za svete dane ili kad dajemo obećanja da ćemo pomoći dušama koje su u nevolji u duhovnom svijetu. Međutim, nakon što se završi, preporučuje se preko poniranje sila unošenjem zdrave i raznolike hrane.

Pojam Boga

Bog nije započeo i neće imati kraja. Rezultat je to sjedinjenja stvaralačkih snaga dobra. Prisutan je u svim djelima njegova stvaranja komunicirajući s njima kroz mentalni refleksni proces ono što mnogi nazivaju "Unutarnjim Ja".

Bog se ne može definirati ljudskim riječima. Ali da mogu, rekao bih da je to ljubav, bratstvo, davanje, dobročinstvo, pravda, milosrđe, razumijevanje, pravda i tolerancija. Bog ga je spreman primiti u svoje kraljevstvo ako to zaslužite. Zapamtite nešto kritično: Imate pravo na počinak samo u kraljevstvu nebeskom koji su se odmarali od vaših djela vaša braća.

Koraci poboljšanja

Zemlja je svijet pomirenja i dokaz da ljudi mogu napredovati. Ova faza našeg postojanja mora biti obilježena našim dobrim djelima kako bismo mogli živjeti zadovoljavajuću duhovnu dimenziju. Dostižući puninu savršenstva, ljudsko biće postaje dijelom kozmičke dimenzije ili se jednostavno poima kao Bog.

Karakteristike uma

1. Dobru želju treba poticati i učinkovito provoditi u praksi.
2. Misao je kreativna snaga koja se mora osloboditi da bi kreativni duh procvjetao.
3. Snovi su znakovi kako vidimo svijet. Oni također mogu biti poruke od bogova odnosi se na budućnost. Međutim, za postizanje konkretnih rezultata potrebno je ostati u stvarnosti.
4. Razlučivanje, znanje i odvajanje od materijalnih stvari moraju se raditi u svijesti svih koji traže evoluciju.
5. Osjećaj dijela svemira rezultat je procesa poboljšanja i svijesti. Znajte prepoznati svoj unutarnji glas.

Kako bih se trebao osjećati?

Hvala ti na daru života i na svemu što ti je otac dao. Svako postignuće, svaki dan života mora se slaviti kao da drugo ne postoji. Ne omalovažavajte se i znate prepoznati svoju ulogu u dimenziji kozmosa. Moji ih roditelji vide s izgledom veličine, unatoč njihovoj ograničenosti i nevjerici. Učini se dostojnim dobrih stvari.

Napravite poput malog sanjara o unutrašnjosti Pernambuco poznatog kao Božanski. Unatoč svim izazovima i poteškoćama koje život nameće, nikada nije prestao vjerovati u veću silu i u svoje mogućnosti. Uvijek vjerujte u nadu jer nas Bog voli i želi ono što je najbolje za nas. Međutim, pokušajte sudjelovati u ovom procesu. Budite aktivni u svojim projektima i snovima. Živite u potpunosti svaki korak i ako ne uspije, nemojte se obeshrabriti. Pobjeda će doći zasluživanjem.

Uloga obrazovanja

Mi smo bića spremna za evoluciju. Od začeća, djetinjstva, pa čak i uključivanja u samu školu, možemo učiti i povezivati se s drugima. Ova je interakcija presudna za naš razvoj općenito. U ovom trenutku učitelji, roditelji, prijatelji i svi koje poznajemo igraju ključnu ulogu u izgradnji osobnosti. Moramo upiti korisne stvari i odbaciti zle koračajući pravim putem prema ocu.

Zaključak

Ovdje zatvaram ove prve tekstove u potrazi za poznavanjem religija. Nadam se da ste s moje točke gledišta možda usvojili dobra učenja i ako to pomaže, čak i ako je to samo osoba koju ću dati i s obzirom na vrijeme utrošeno. Zagrljaj svima, uspjeh i sreća.

Pobjeda vjerom

Pobjeda nad duhovnim i tjelesnim neprijateljima

Tako, kaže Jahve: "Pravednicima, onima koji s pravom slijede moje zapovijedi prakticirajući svakodnevno umijeće dobra, obećavam stalnu zaštitu pred svojim neprijateljima. Čak i ako se mnoštvo ili čak sav pakao baci na vas, nećete se bojati zla jer ja vas uzdržavam. Po mom imenu deset tisuća će pasti s vaše desne strane, a stotinu mene s vaše lijeve strane, ali ništa vam se neće dogoditi, jer ja se zovem Jahve. "

Ova amblemska Božja poruka dovoljna je da nas ostavi mirne pred bijesom neprijatelja u bilo kojoj situaciji. Ako je Bog za nas, tko će biti protiv nas? Zapravo, nigdje u svemiru nema nikoga većeg od Boga. Sve što je zapisano u knjizi života dogodit će se i sigurno će doći tvoja pobjeda, brate. Trijumf nepravednih je slama, ali pšenica će zauvijek ostati. Pa, imajmo više vjere.

Odnos čovjek-Bog

Čovjek je dobio upravu nad zemljom kako bi mogao donijeti plod i napredovati. Kao što nas je Isus poučavao, naš odnos s Bogom mora biti od oca do sina i kao rezultat toga, ne sramimo se prići mu čak ni ako ga grijeh plaši. Jahve njeguje dobro srce, vrijednog čovjeka, onoga koji se nastoji uvijek poboljšavati kako bi mogao slijediti put trajne evolucije.

U trenutku grijeha, najbolje je razmisliti o onome što ga je uzrokovalo kako se pogreška ne bi mogla ponoviti još jednom. Traženje alternativnih putova i traženje novih iskustava uvijek nas nadopunjuju i čine nas pripremljenijim ljudima za život.

Glavna poanta svega toga je otvoriti svoj život djelovanju Duha Svetoga. Uz njegovu pomoć možemo doći do razine za koju možemo reći da je povezana s dobrim stvarima. To se naziva zajedništvo, nužno je i isporučeno i strastveno, kako bi se moglo živjeti u potpunosti. Odustajanje od stvari u tjelesnom svijetu i poricanje zla u vama nužni su i učinkoviti uvjeti za ponovno rođenje u svijetu koji se mijenja. Bit ćemo ogledalo uskrslog Krista.

Vjerujući u Jahvu u boli

Živimo u svijetu pomirenja i dokaza koji nas neprestano boli. Patimo zbog izgubljene ili neuzvraćene ljubavi, patimo zbog gubitka člana obitelji, trpimo zbog financijskih problema, trpimo zbog nerazumijevanja drugog, patimo zbog nasilja uzrokovanog ljudskom zloćom, patimo tiho zbog svojih slabosti, čežnje, bolesti i strah od smrti, patimo zbog poraza i tužnih dana kada želimo nestati.

Moj brate, budući da je bol neizbježna za one koji žive na ovom svijetu, moramo se držati Jahve i njegovog sina Isusa Krista. Potonji je kao čovjek osjećao na koži sve vrste neizvjesnosti, strahova, nedaća, a opet nikada nije odustao od toga da bude sretan. Budimo i mi takvi, živeći svaki dan s osjećajem da možeš bolje i s mogućnošću napredovanja. Tajna je u tome da uvijek idemo dalje i zamolimo ga za pomoć kako bismo nosili naše križeve. Svemogući će nagraditi vašu iskrenost i obraćenje i pretvoriti vaš život u more naslada. Nije pitanje osiguranja isključivanja boli, već znanja kako živjeti zajedno na način da oni ne utječu na naše dobro raspoloženje. I tako, život može ići bez većih problema.

Biti pošten čovjek vjere

Pravi kršćanin slijedi Isusov primjer u svim okolnostima. Pored osnovnih zapovijedi, imate predodžbu o evanđelju, o samom životu, o zlu i o opasnosti svijeta i znate najbolji način djelovanja. Kršćanin mora biti primjer građanina jer postoje pravila koja se moraju poštivati i koja se moraju poštivati u društvenom sustavu. Jedno je vjera, a drugo je poštivanje vašeg partnera.

Ono što Jahve želi je da i čovjek bude njegov građanin, a ne samo svijet. Za to treba biti dobar otac, dobar sin, dobar suprug, vjeran prijatelj, sluga posvećen molitvi, muškarac ili žena koji žive zbog posla, jer je nerad vražja radionica. Predano pitanju Jahve, ljudsko biće može poduzeti važan korak ka sreći i konačno pobijediti vjerom! Zagrljaj svima i vidimo se sljedeći put.

Kristovi

Misija čovjeka

Zemlja je stvorena za smještaj čestog života kao i drugih zvijezda raštrkanih po bezbrojnim dijelovima svemira. Jahve Bog, konsolidirana ljubav, koja je snagom, snagom, slatkoćom i milošću željela stvoriti ljude, posebna stvorenja koja imaju prerogativ da budu njegova slika i prilika.

Ali činjenica da je to njihova slika i prilika ne znači da imaju istu bit. Iako Jahve posjeduje sve predikate savršenstva, čovjek je sam po sebi manjkav i grešan. Bog je tako želio pokazati svoju veličinu, volio nas je toliko da nam je dao slobodnu volju pružajući ključne elemente kako bismo mogli sami pronaći put sreće.

Zaključujemo da savršenstvo na zemlji nikada nije postignuto zauvijek, što stavlja neke drevne legende određenih religija. Živimo dualnost, temeljni uvjet postojanja kao čovjek.

Sada dolazi pitanje: Koji je smisao stvaranja svemira i samog života? Jahve i njegovi planovi nepoznati su većini ljudi, mnogi od njih uopće ne znaju što se događa oko njih. Možemo reći da moj otac živi vječno i zauvijek, rodio dvoje djece, pred čovjeka Isusa i Božanskog, stvorio je nebeske zvijezde i prva od njih nazvana "kalenquer". Na ovom planetu sa aspektima sličnim onima na sadašnjoj zemlji stvorili su anđeli koji su drugi po redu od univerzalne važnosti. Nakon toga putovao je svemirom nastavljajući misterij stvaranja, prepuštajući svoj autoritet u rukama Isusa, Božanskog i Mihaela (najposvećeniji sluga). Bilo je to prije petnaestak milijardi godina.

Od ovog vremena do danas, svemir se transformirao na takav način da početno stvaranje nije ni prepoznato. Smisao života koji je jedan od suradnje, jedinstva, dobročinstva, ljubavi, darivanja i oslobođenja pretvorio se u spor, zavist, laž, neprijateljstvo, zločin, pustoš prirodnih resursa, ljubav prema novcu i moći, individualizam i potraga za pobjedom u svi troškovi.

Tamo želim doći. Sin sam duhovnog Jahve i došao sam na zemlju izvršiti kritičnu misiju. Želim pozvati svoju braću u očevu blagodat i svoje kraljevstvo. Ako prihvatite moj poziv, obećavam stalnu predanost vašim stvarima i vrhunsku sreću. Što Bog traži od vas za to?

Budi Krist

Prije otprilike dvije tisuće godina, Zemlja je imala privilegiju primiti Božje prvorođenče. Njegov otac poznat je kao Isus Krist da donese pravu riječ Božju i otkupi naše grijehe. Svojim primjerom, tijekom trideset i tri godine života, Isus je iskopao temeljne temelje savršenog čovjeka koji ugađa

Bogu. Isus je došao pojasniti temeljne točke u čovjekovom odnosu s Bogom.

Glavna poanta Marijinog života bio je njegov čin hrabrosti predajući se križu služeći kao žrtva za grešno čovječanstvo. "Pravi je prijatelj onaj koji bezrezervno daje život za drugoga, a Krist je bio živi primjer za to."

Predanje, odricanje od sebe od strane brata, držanje eksplicitnih i implicitnih zapovijedi u svetim knjigama i činjenje dobra uvijek su zahtjevi za nasljeđivanje kraljevstva Božjega. Ovo je Isusovo kraljevstvo, moje i sve duše dobra, svaka na svom zasluženom mjestu.

Njegujte zdrave, ugodne i ljudske vrijednosti pomažući u kontinuiranom razvoju svemira i posadit ćete dobro sjeme prema vječnom kraljevstvu. Klonite se loših utjecaja i ne podržavajte neke od svojih praksi. Znati razlikovati dobro od zla. Budite razboriti i oprezni.

Svijet u kojem živimo svijet je pojavnosti u kojem vrijedi imati više od biti. Učini to drugačije. Budite iznimka i cijenite ono što stvarno vrijedi. Skupite blago na nebu gdje lopovi ne kradu ili moljci i hrđa nagrizaju.

Nakon svega što je rečeno dobrim plasmanom, na vama je osobna refleksija i pažljiva analiza. Vaš je slobodni izbor integrirati se ili ne integrirati u ovo kraljevstvo, ali ako je slučajno vaša odluka da, osjećam se prihvaćenom od strane mene i svih nebeskih sila. Učinit ćemo ovaj svijet boljim svijetom promičući zauvijek dobro i mir. Budite jedan od "Krista". U budućem svijetu, ako Bog da, bit ćemo zajedno s ocem u potpunom skladu i zadovoljstvu. Vidimo se sljedeći put. Jahve je s tobom.

Dvije staze

Izbor

Zemlja je prirodno okruženje u kojem su ljudi smješteni u međusobnu interakciju, učenje i poučavanje u skladu sa svojim iskustvima. Snagom slobodne volje, ljudsko se biće uvijek suočava sa situacijama koje zahtijevaju donošenje odluka. U ovom trenutku ne postoji čarobna formula razlučivanja, ali analiza alternativa koje ne donose uvijek zadovoljavajuće rezultate.

Pogreške učinjene u tim izborima čine nas kritičnijim duhom i otvorenijim umom, tako da ćemo u budućnosti imati više pogodaka za buduće izbore. To je takozvano iskustvo jer se ono postiže vremenom.

Kroz našu putanju na Zemlji očito je da u svemiru djeluju dva lanca: jedan zloćudni i jedan dobroćudni. Iako nitko nije potpuno loš ili dobar, naše prevladavajuće akcije su one koje će odlučiti našu stranu u ovom sporu.

Moje iskustvo

Sin sam duhovnog Jahve, poznatog kao Mesija, Božanski, Božji sin ili jednostavno sanjar. Rođen sam u selu u unutrašnjosti sjeveroistoka i to mi je dalo priliku da stupim u kontakt s najgorim bolestima čovječanstva.

Izbori zasigurno imaju veliku težinu u našem životu, a posebno na našoj osobnosti. Sin sam poljoprivrednika, odgojen sam s dobrim vrijednostima i uvijek sam ih pratio do slova. Odrastao sam osiromašen, ali nikad mi nije nedostajalo dobrote, velikodušnosti, iskrenosti, karaktera i ljubavi prema drugima. Ipak, nisam se spasio od lošeg vremena.

Moje skromno stanje bilo je velika pošast: nisam imao novca za pravilnu hranu, nisam imao dovoljno financijske podrške u studiju, odgojen sam u zatvorenom s malo socijalne interakcije. Iako je sve bilo teško, odlučio sam se boriti protiv ove trenutne potrage za boljim danima kao svog prvog važnog izbora.

Nije bilo nimalo lako. Puno sam patila, ponekad sam gubila nadu, odustajala, ali nešto duboko u sebi govorilo je da me Bog podržava i priprema mi put pun postignuća.

U trenutku kad sam se već predao, Jahve Bog je djelovao i izbavio me. Usvojio me kao sina i potpuno uskrsnuo. Odatle je odlučio živjeti u meni kako bi preobrazio živote najbližih ljudi.

Odredište
Kraljevstvo svjetlosti, listopad 1982

Više se vijeće žurno sastalo kako bi razmotrilo važno pitanje: Koji bi bio duh zadužen za obavljanje posla? Jedan od članova uzeo je riječ izgovarajući:

Ovaj posao je presudan. Moramo odabrati nekoga tko nam je potpuno pouzdan i tko je spreman na izazov življenja na zemlji.

Započela je žučna rasprava između članova, svaki sa svojim prijedlogom. Kako se nisu postigli sporazum, brzo se glasalo u kojem je izabran izabrani predstavnik. Duh i arkanđeo izabrani su za njihovu zaštitu.

Jednom kad je odabran, Jahve je odahnuo i duhovi su poslani na zemlju. Jedna za tjelesno tijelo i druga za duhovno tijelo, sposobno za preživljavanje u Zemljinoj okolini. Tako su Božanski i njegov Voljeni Arkanđeo stigli na zemlju i ovo je sličan postupak za svako izabrano ljudsko biće. Svi mi imamo božansku bit.

Misija

Divine je rođena i odrasla usred zapanjujućih poteškoća negdje u zaleđu Pernambuco. Inteligentan i ljubazan dječak, uvijek je bio koristan ljudima općenito. Čak i život s predrasudama, bijedom i ravnodušnošću nikada nije odustajao od življenja. Ovo je veliko postignuće suočeno s političkom i socijalnom nesrećom u koju je umetnut sjeveroistok.

U dobi od dvadeset i tri godine živio je s prvom velikom financijskom i osobnom krizom. Problemi su ga doveli do dna, razdoblja zvanog mračna noć duše, u kojem je zaboravio Boga i svoja načela. Divine je neprekidno padao na liticu bez dna sve dok se nešto nije promijenilo: U trenutku kad će pasti na zemlju, anđeo Jahvin djelovao je i oslobodio ga. Slava Jahvi!

Od tada su se stvari počele mijenjati: zaposlio se, započeo fakultet i počeo pisati za terapiju. Iako je situacija još uvijek bila teška, imala je barem izglede za poboljšanje.

Tijekom sljedeće četiri godine završio je fakultet, promijenio posao, prestao pisati i započeo praćenje svog dara koji se počeo razvijati. Tako je započela saga o vidiocu.

Značenje vizije

Divine, vidovnjak, liječio se u privatnoj medicinskoj klinici s poznatim parapsihologom. Nakon dugog šestomjesečnog liječenja napokon su u dvanaestoj sesiji došli do zaključka. Ukratko ću prepisati sastanak u nastavku:

Klinika St. Lawrence nalazila se u središtu Atalante, zaleđa Pernambuco, jednostavne jednokatnice koja se izgubila usred zgrada glavnog grada zaleđa. Božanska je stigla u osam sati ujutro i kako je odmah bio prisutan liječnik. Oboje su otišli u privatnu sobu i po dolasku tamo, Divine i liječnik Hector Smith otišli su glava u glavu. Potonji je inicirao kontakt:

"Imam dobre vijesti. Razvio sam tvar koja je putem mog uređaja mogla transformirati vaše duhovne električne impulse u fotokemijske jedinice koje se mogu snimiti. Ovisno o rezultatima, doći ćemo do konačnog zaključka.

"Bojim se. Međutim, želim znati cijelu istinu. Samo naprijed, doktore.

"To je odlično. (Liječnik Hector Smith)

Znakom je približio Divine čudnom, kružnom, opsežnom uređaju punom nogu i žica. Uređaju se svidio ručni čitač i parapsiholog je nježno pomogao mladiću da podigne ruke. Kontakt je stvorio snažni šok u Divine, a rezultati su se pojavili na tražilu s druge strane. Nekoliko sekundi kasnije, Divine je povukao ruku i liječnik je automatski ispisao rezultat.

Posjedujući ispit, napravio je lice radosti i vratio se da komunicira:

"To sam i sumnjao. Vizije koje imate dio su prirodnog procesa koji je povezan s drugim životom. Vaš je cilj samo voditi vas putem. Nema kontraindikacija.

"Misliš da sam normalan?

"Normalno. Recimo da ste posebni i jedinstveni na planeti. Mislim da ovdje možemo stati. Zadovoljan sam.

"Hvala vam na vašoj predanosti i zalaganju za moju svrhu. Prijateljstvo ostaje.

"Kažem isto. Sretno, sine Božji.

„I tebi zbogom.

"Zbogom.

To je reklo, njih dvoje su se udaljili. Ovaj dan obilježio je otkrivanje Božanskih vizija i odatle će njegov život ići normalnim tijekom.

Otkrivanjem vizija, Divine je odlučio nastaviti s radom i nastavio pisati. Zbog svog dara nazvao se "Vidiocem" i počeo graditi istoimene književne serije. Sve što je do sada izgradio pokazalo mu je koliko je vrijedno raditi za misiju koju je povjerio sam Jahve.

Divine se trenutno suočava sa životom s optimizmom. Iako mu život i dalje propovijeda iznenađenja, on ustrajava u svojim ciljevima pokazujući vrijednost i vjeru svoje osobe. On je primjer koji život i njegove poteškoće nisu uništili.

Tajna njegovog uspjeha leži u vjeri u veću silu koja pokreće sve što postoji. Naoružani ovom silom, čovjeku je moguće svladati barijere i ispuniti svoju sudbinu rezerviranu u žilama.

Eto, tajna je sljedeća: "Živjeti život s radošću, s vjerom i nadom. Transformirajte neka njegova djela za čitav svemir i to je ono što Divine želi učiniti sa svojom literaturom."

Sretno njemu i svima koji doprinose kulturi ove zemlje. Sretno svima i zagrljaj u ljubavi.

Autentičnost u iskvarenom svijetu

Tuga u teškim vremenima

Nepravednici propadaju i najčešće pokušaju krivicu svaliti na Boga i druge. Ne shvaća da doseže plodove svog rada, ludosti pokušavajući živjeti neukroćeno i puno poroka. Savjet je da se ne brinem za uspjeh drugih niti da mu zavidim. Pokušajte razumjeti i pronaći svoj put kroz dobra djela. Budite iskreni, istiniti i autentični prije svega i tada će pobjeda doći zaslpživanjem. Oni koji vjeruju u Jahvu, začas će izaći razočarani.

Živjeti u iskvarenom svijetu

Svijet je danas vrlo dinamičan, konkurentan i pun nasilja. Biti dobar ovih dana pravi je izazov. Često su vjernici doživljavali situacije izdaje, laži, zavisti, pohlepe, beznađa. Moj otac traži naličje ovoga: dobrota, suradnja, dobročinstvo, ljubav, odlučnost, kandža i vjera. Odluči se. Ako odaberete dobro, obećavam vam pomoć u svim uzrocima. Pitati ću oca od njegovih snova i on će me slušati jer onima koji vjeruju u Boga je sve moguće.

Njegujte učvršćene vrijednosti koje vam daju sigurnost i slobodu. Vaša slobodna volja trebala bi se koristiti za vašu slavu i dobrobit. Odlučite biti apostol dobra. Međutim, ako koračate stazom tame, neću vam moći pomoći. Bit ću tužan, ali poštovat ću svaku vašu odluku. Potpuno ste slobodni.

Ispred mora mulja moguće je filtrirati dobru vodu i to želim učiniti s vama. Prošlost više nije bitna. Učinit ću vas čovjekom budućnosti: Sretnim, tihim i ispunjenim. Bit ćemo zauvijek sretni pred Bogom Ocem.

Dok god postoji dobro, zemlja će ostati

Ne brinite se zbog astronomskih predviđanja o kraju života na Zemlji. Evo nekoga tko je veći od mene. Sve dok postoji dobro na zemlji, život će i ostati, tako želim. Kako vrijeme odmiče, zlo se širi zemljom zagađujući moje plantaže. Doći će vrijeme kada će se sve potrošiti i napraviti razdvajanje između dobrog i lošeg. Moje kraljevstvo doći će na vas dopuštajući uspjeh vjernika. Na ovaj dan Gospodnji bit će plaćeni dugovi i podjela darova.

Moje kraljevstvo je kraljevstvo naslada gdje će prevladati pravda, suverenitet oca i zajednička sreća. Svi će se, veliki i mali, pokloniti njegovoj slavi. Amen.

Pravednici se neće uzdrmati

Usred oluja i potresa, nemojte biti ja. Prije vas je snažni Bog koji će vas podržati. Spasila ga je njegova autentičnost, čast, vjernost, velikodušnost i dobrota. Njihova bratska djela odvest će ih pred velike, a vi ćete se smatrati mudrim. U životu ste pokazali dovoljno da biste bili opravdani i povišeni. Živ!

Budi izuzetak

Evo, ja sam pravednik, hodam s integritetom, prakticiram pravdu, govorim istinu, ne klevećem i ne nanosim štetu drugima. Iznimka sam u svijetu u kojem su moć, prestiž, utjecaj i izvana najvažniji. Stoga vas molim, gospodine, zaštitite me svojim krilima i svojim štitom od svih mojih neprijatelja. Neka moja autentičnost urodi plodom i uvrsti me među velike zaslužujući.

Oni koji preziru pravednost i zakon, ne poznaju ni vas ni vaše zapovijedi. Oni će biti uzeti iz vaše staje i napušten. u jezeru od vatre i sumpora gdje će plaćati danonoćno ne prestajući za svoje grijehe. Svatko tko ima uši tko sluša.

Moja tvrđava

Moja snaga je moja vjera i moja djela svjedoče o mojoj dobroti. Ne mogu se zasititi pomaganja drugima svojom voljom. Zauzvrat ne dobivam ništa, moja nagrada doći će s neba. Na Gospodnji dan, kad se saberem u vaše naručje, imat ću dokaz da su se moji napori isplatili.

Moj Bog je Bog nemogućeg i zove se Jahve. Učinio je bezbroj čuda u mom životu i ponaša se prema meni kao prema sinu. Blagoslovljeno ime tvoje. Pridružite nam se i u ovom lancu dobra: pomozite oboljelima i bolesnima, pomozite potrebitima, uputite neuke, dajte dobre savjete onima koji se ne mogu vratiti i tada će vaša nagrada biti sjajna. Njegovo će prebivalište biti u kraljevstvu nebeskom prije mene i mog oca, a tada ćete okusiti istinsku sreću.

Vrijednosti

Njegujte vrijednosti predložene u zapovijedima i božanskim zakonima. Izgradite svoju autentičnost i prikladnost. Vrijedno je biti apostol blaženstva na zemlji, dobit ćete divne darove i milosti koji će vas usrećiti. Sretno i uspješno u vašim nastojanjima je ono što želim svim srcem.

Traženje unutarnjeg mira

Bog Stvoritelj

Svemir i sve što je u njemu djelo je Duha Svetoga. Glavne karakteristike ovog bića sjajne slave su: Ljubav, vjernost, velikodušnost, snaga, moć, suverenitet, milosrđe i pravda. Dobre stvari kad dosegnu savršenstvo asimiliraju se svjetlošću, a zle tvari upijaju i spuštaju na niže stupnjeve u sljedećim utjelovljenjima. Nebo i pakao su samo izjave o umu, a ne određena mjesta.

Prava ljubav

Iako je vrlo velik i moćan Bog, Jahve se brine za svako svoje dijete osobno ili preko svojih slugu. Traži našu sreću po svaku cijenu. Poput majke ili oca, podržava nas i pomaže nam u teškim vremenima otkrivajući neshvatljivu ljubav prema ljudima. Zaista, na zemlji kod muškaraca ne nalazimo ovu vrstu čiste i manje zainteresirane ljubavi.

Prepoznaj se grešnikom i ograničenim

Oholost, ponos, samopouzdanje, iluzija i samopouzdanje zli su neprijatelji čovječanstva. Kontaminirani, shvaćaju da su samo obična masa prašine. Pogledajte i usporedite: Ja koji sam stvorio sunca, crne rupe, planete, galaksije i druge zvijezde, ne hvalim se s tim više od vas. Predajte se mojoj moći i zauzmite nove stavove.

Utjecaj suvremenog svijeta

Svijet danas stvara nepremostive prepreke između čovjeka i stvoritelja. Živimo okruženi tehnologijom, znanjem, mogućnostima i izazovima. U takvom konkurentnom svijetu čovjek zaboravlja glavnicu, svoj odnos s vama. Moramo biti poput drevnih učitelja koji su neprestano tražili Boga i imaju ciljeve prema njegovoj volji. Samo na taj način uspjeh će vam doći.

Kako se integrirati s ocem

Ja sam životni dokaz da Bog postoji. Stvoritelj me pretvorio iz malog sanjara u špiljama u međunarodno priznatog čovjeka. Sve je to bilo moguće jer sam se integrirao s ocem. Kako je to bilo moguće? Odrekao sam se svoje individualnosti i pustio da snage svjetlosti potpuno djeluju u mojim odnosima. Učini kao i ja i uđi u naše kraljevstvo užitaka gdje teče mlijeko i med, raj koji je Izraelcima obećan.

Važnost komunikacije

Ne zaboravite na svoje vjerske obveze. Kad god možete ili barem jednom dnevno usrdno se molite za sebe i svijet. Istodobno, vaša će duša biti puna milosti. Samo oni koji su ustrajni mogu postići čudo.

Međuovisnost i mudrost stvari

Pogledajte svemir i vidjet ćete da sve ima svoj razlog i funkciju, čak i ako je mala za funkcioniranje cjeline. Tako je i s dobrom legija spremna boriti se za nas. Osjetite Boga u sebi.

Ne krivite nikoga

Ne krivite sudbinu ili Boga za rezultat vašeg izbora. Naprotiv, razmišljajte o njima i pokušajte ne činiti iste pogreške. Svako iskustvo treba poslužiti kao učenje koje treba usvojiti.

Biti dijelom cjeline

Ne podcjenjujte svoj rad na zemlji. Neka bude jednako važan za vašu evoluciju i evoluciju drugih. Osjećajte se blagoslovljeno što ste dio velikog kazališta života.

Ne buni se

Bez obzira na vaš problem, život pokušava pokazati da postoje ljudi u gorim situacijama od vaše. Ispada da je velik dio naše patnje psihološki nametnut idealiziranim standardom zdravlja i dobrobiti. Slabi smo, pokvareni i naivni. Ali većina ljudi misli da ste vječni superheroj.

Pogledajte s druge točke gledišta

U trenutku nevolje pokušajte se smiriti. Primijetite situaciju s drugog gledišta i tada će ono što u početku izgleda kao loše imati svojih pozitivnih strana. Mentalno se koncentrirajte i pokušajte zauzeti novi smjer svog života.

Istina

Toliko smo utonuli u svoje brige da ni ne shvaćamo male darove, čuda i rutinske milosti koje primamo s neba. Budi sretan zbog toga. Uz malo truda, bit ćete još blagoslovljenici jer vam moj otac želi najbolje.

Razmislite o drugom

Kad su vaše misli zabrinute za svog brata, nebeske gozbe. Djelujući velikodušno, naš je duh lagan i spreman za više letove. Uvijek radite ovu vježbu.

Zaboravi na probleme

Vježbajte kreativnost, čitanje, metalizaciju, meditaciju, dobrotvorne svrhe i razgovor kako vam problemi ne bi naštetili. Nemojte istovariti teški teret koji nosite drugima, a koji nema nikakve veze s vašim osobnim problemima. Učinite svoj dan slobodnijim i produktivnijim prijateljski.

Rođenje i smrt lica kao procesi

Rođenje i umiranje prirodni su događaji na koje se mora gledati smireno. Najveća briga je kada je netko živ transformirati naše stavove u dobrobiti prvenstveno za druge. Smrt je samo prolaz koji nas vodi do višeg postojanja s nagradama jednakim našim naporima.

Besmrtnost

Čovjek postaje vječan kroz svoja djela i vrijednosti. To će ostaviti za buduće generacije. Ako su plodovi drveća zlije, duša nema vrijednosti za stvoritelja koji se iščupa i baci u vanjsku tamu.

Imajte proaktivna stav

Nemojte samo stajati tamo. Tražite znanje o novim kulturama i upoznajte nove ljude. Vaša će kulturna prtljaga biti veća, a time i rezultati. Budi i ti mudar čovjek.

Bog je duh

Ljubav se ne može vidjeti, osjećaš. Tako je i s Gospodinom, ne možemo ga vidjeti, ali svakodnevno u srcu osjećamo njegovu bratsku ljubav. Zahvaljujte svaki dan za sve što on čini za vas.

Vizija vjere

Vjera je nešto što se treba graditi u našem svakodnevnom životu. Hranite je pozitivnim mislima i čvrstim stavovima prema svom cilju. Na ovom mogućem dugom putu važan je svaki korak.

Slijedite moje zapovijedi

Tajna uspjeha i sreće leži u sliječenju mojih zapovijedi. Nema smisla izjašnjavati riječima da me volite ako ne slijedite ono što kažem. Uistinu oni koji me vole su oni koji se pridržavaju mog zakona i obrnuto.

Mrtva vjera

Svaka vjera bez djela uistinu je mrtva. Neki kažu da je pakao pun dobrih namjera i u tome leži velika istina. Nema koristi što ste voljni, ali morate dokazati da me volite.

Imati drugu viziju

Nisu sve patnje ili porazi potpuno zli. Svako negativno iskustvo koje doživimo donosi kontinuirano, snažno i trajno učenje u naš život. Naučite vidjeti pozitivnu stranu stvari i bit ćete sretniji.

Iz slabosti proizlazi snaga

Što učiniti u osjetljivoj financijskoj situaciji

Svijet je vrlo dinamičan. Uobičajeno je da se faze velikog prosperiteta duguju razdobljima velikih financijskih poteškoća. Većina ljudi kad se dobro zabave zaborave nastaviti borbu i vjerski dio. Jednostavno se osjećaju pouzdanima u sebe. Ova pogreška može ih dovesti do mračnog ponora iz kojeg će biti teško pobjeći. Trenutno je važno hladno analizirati situaciju, prepoznati rješenja i krenuti u borbu s velikom vjerom u Boga.

Uz vjersku podršku moći ćete prevladati prepreke i pronaći načine oporavka. Ne krivite se previše za svoju neuspjelu prošlost. Važno je krenuti naprijed s novim načinom razmišljanja koji je stvoren u skladu s pijeskom i vjerom koja će rasti u vašem srcu dok život budete davali mom ocu. Vjerujte mi, on će biti jedini spas za sve vaše probleme.

Eto, čovjeku je rečeno da će mu se sve dodijeliti sve dok uvijek ide putem dobra. Stoga nastojte držati se zapovijedi svetih spisa i preporuka svetaca. Ne budite ponosni do te mjere da ih omalovažavate jer su na primjeru života mogli prepoznati Boga usred ruševina. Razmislite i sretno.

Suočavanje s obiteljskim problemima

Otkako smo se rodili, integrirani smo u prvu ljudsku zajednicu koja je obitelj. To je osnova naših vrijednosti i referenca u našim odnosima. Tko je dobar otac, suprug ili sin, također će biti velik građanin koji ispunjava svoje dužnosti. Kao i svaka skupina, neslaganja su neizbježna.

Ne tražim od vas da izbjegavate trenje, to je praktički nemoguće. Molim vas da se poštujete, surađujete i volite. Obitelj koja je ujedinjena nikada neće završiti i zajedno mogu pobijediti velike stvari.

Na nebu postoji i duhovna obitelj konsolidirana: Kraljevstvo Jahve, Isusa i Božansko. Ovo kraljevstvo propovijeda pravdu, slobodu, razumijevanje, toleranciju, bratstvo, prijateljstvo i nadasve ljubav. U ovoj duhovnoj dimenziji nema boli, plača, patnje ili smrti. Sve je ostalo iza sebe, a izabrani vjernici odjeveni su u novo tijelo i novu bit. Kao što je napisano, "pravednici će zasjati poput sunca u kraljevstvu svoga oca."

Prevladavanje bolesti ili čak smrti

Tjelesne bolesti su prirodni proces koji se događa kada nešto ne ide s našim tijelom. Ako bolest nije teška i prevlada se, ona igra ulogu prirodnog čišćenja duše učvršćujući poniznost i jednostavnost. U patnji od bolesti je to što smo u vrijeme svoje malenkosti i istovremeno preplavljujemo Božju veličinu koja može sve.

U slučaju fatalne bolesti, to je konačna putovnica drugog plana i prema našem ponašanju na terenu raspoređeni smo u određeni plan. Mogućnosti su: Pakao, limb, raj, grad ljudi i čistilište. Svaka je namijenjena jednom od njih prema njihovoj evolucijskoj liniji. U ovom trenutku dobivamo samo ono što zaslužujemo, ni više, ni manje.

Za one koji ostanu na zemlji, slijedi čežnja za obiteljskim ostancima i životom. Svijet nikome nije stanica, apsolutno nitko nije nezamjenjiv. Međutim, dobra djela ostaju i svjedoče o nama. Sve će proći, osim Božje snage koja je vječna.

Upoznavanje sebe

Gdje je moja sreća? Što učiniti da ostanemo dobro na zemlji? To mnogi ljudi pitaju. U poslovnoj tajni nema puno, ali pobjednički su ljudi obično oni koji svoje vrijeme posvećuju dobru drugih i čovječanstvu. Služeći drugima, osjećaju se cjelovito i spremniji su voljeti, odnositi se i pobijediti.

Obrazovanje, strpljenje, tolerancija i strah od Boga ključni su elementi u izgradnji rijetke i vrijedne osobnosti. Čineći to, čovjek će moći pronaći Boga i točno znati što želi za svoj život. Možda čak mislite da ste na dobrom putu, ali bez ovih osobina jednostavno ćete biti lažni. Volite samo ljude koji se stvarno predaju i koji se međusobno razumiju. Naučite od mene da sam čista, svjesna svojih bogova, djela brige o Bogu posvećena mojim projektima, razumijevanja, dobročinstva i ljubavi. To će postati posebno za mog oca i svijet će se zadržati. Zapamtite: Ne zbog većeg od ponora ili tame u vašem životu, iz slabosti dolazi snaga.

Sophia

Pravda

Pravda i nepravda pragovi su jedni za druge i vrlo su relativni. Podijelimo ga u dvije grane: kraljevstva Božjeg i kraljevstva ljudskih. Povezano s Bogom, pravda je usko povezana s Jahvinim suverenitetom koji se pokazuje kroz njegove zapovijedi, ukupno trideset prema mojoj viziji. To je praktična stvar: ili slijedite norme kraljevstva Božjeg ili ne, a za one koji odbiju vidjeti veličinu tih ciljeva ostaje jadikovka duše koja je izgubljena. Međutim, pobunjene duše koje se uspiju uskrsnuti u nekom trenutku života mogu čvrsto vjerovati u milost Jahve, svog svetog oca. Bog otac je biće s beskonačnim zadaćama.

Ljudska pravda ima svoje smjernice u svakom narodu. Muškarci s vremenom nastoje osigurati mir i pravo na zemlji iako se to ne događa uvijek. To je zbog zastarjelog zakonodavstva, korupcije, predrasuda prema maloljetnicima i samog ljudskog neuspjeha. Ako se osjećate nepravedno kao što sam se ikad osjećao dajući vašu molbu Bogu. Shvatit će bol i osigurati svoju pobjedu u pravo vrijeme.

Nepravda u svakom pogledu zlo je drevnog i suvremenog čovječanstva. Treba se boriti kako bi pravednici mogli imati ono što je po vašem pravu. Ono što se ne može dogoditi je pokušaj pravde? Zapamtite da nije Bog da ikoga osuđuje i osuđuje.

"Kad te zazovem, odgovori mi, Bože moje pravednosti". (SM 4.2)

Sklonište u pravo vrijeme

Mi smo duhovna bića. U nekom trenutku svog postojanja na nebu, mi smo izabrani i utjelovljeni u ljudskom tijelu u trenutku oplodnje. Cilj je ispuniti misiju razvijajući se s drugim ljudskim bićima. Neki s većim misijama, a drugi s manjima, ali svi s funkcijom koje se planet ne može odreći.

Naš je prvi kontakt unutar obitelji i obično s tim ljudima živimo dulje i tijekom cijelog života. Ni djeca koja se vjenčaju s obiteljskom vezom nisu ugašena.

Uz socijalni kontakt imamo pristup drugim našim različitim pogledima. Upravo u tome leži opasnost. U današnje vrijeme imamo ogromnu generaciju mladih ljudi koji traže zlu stranu. Oni su tinejdžeri i odrasli koji ne poštuju roditelje, obožavaju drogu i žele je ukrasti, pa čak i ubiti. Čak i takozvani ljudi od povjerenja mogu sakriti opasnost kada pokušavaju utjecati na nas da činimo zlo. Postoji i druga strana: bombardirani lazom, nasiljem, maltretiranjem, predrasudama, lažima, nelojalnošću, mnogi ne vjeruju u čovječanstvo i bliska su novim prijateljstvima. Zdravo je razmišljati kako je zaista teško pronaći pouzdane ljude, ali ako ste jedan od tih sretnika, držite ih na desnoj i lijevoj strani grudi do kraja života.

Izloženi ovome, kad padnete u nekoj nesreći, obratite se svojim pravim prijateljima ili bližoj obitelji i ako još uvijek ne pronađete potporu, u pravo vrijeme potražite utočište za Boga. Jedino ga više neće napustiti jer mu je situacija klimava. Dajte svoju bol i svoju vjeru u boljim danima u Boga nemogućeg i nećete se pokajati.

"U tjeskobi si me utješio. Smiluj mi se i poslušaj molitvu. (Psalam 4.2)

Zavođenje svijeta nasuprot Božjem putu

Svijet je veliko područje u kojem djeca Božja i vrag rade za svoje ciljeve. Kao i u bilo kojem svijetu koji zaostaje u pogledu evolucije, i mi živimo krvavu dvojnost da ljudi postaju skupine koje zajedno čine društvo.

Iako kažemo da većina ljudi ima dobre namjere, ono što vidite je virtualizacija zdravog razuma. Većina više voli stvari svijeta nego stvari Božje. Ljudi žude za moći, novcem, natječu se za prestižem, tonu u neposlušnim strankama, prakticiraju isključenost i nepristojno podstiču, vježbaju tračeve i klevetu drugoga, radije se penju ljestvicom hijerarhije varajući, osuđujući i prelazeći preko drugih. Ja, kao Jahvin predstavnik, ne sumnjam da ti ljudi nisu od Boga. Oni su kćeri đavolskih kukolja koje će u obračunu nemilosrdno izgorjeti u ličinkama ponora. To nije prosudba, to je stvarnost u odnosu berbe biljaka.

Ako imate vrijednosti i vjerujete u snage dobra, pozivam vas da budete dio kraljevstva svog oca. Odričući se svijeta napokon ćete uvidjeti veličinu i dobrotu našega Boga. Otac koji vas prihvaća takvog kakav jeste i koji vas voli s ljubavlju većom nego što vaše razumijevanje doseže. Odluči se. Ovdje je sve prolazno, a pored nas možete iskusiti što ta riječ stvarno znači „puna sreća".

"O ljudi, dokle ćete imati otvrdnulo srce, voljeti taštinu i tražiti laž?" (Psalam 4: 3).

Upoznavanje Jahve

Jahve je najljepše što je tamo. Iz svog iskustva znam lice ovog voljenog oca koji uvijek želi naše dobro. Zašto mu onda ne pružiti priliku? Dajte mu svoje križeve i nade kako bi snažna ruka mogla preobraziti vaš život. Jamčim da više nećete biti isti. Iskreno se nadam da ćete odraziti ovih nekoliko riječi i donijeti konačnu odluku u svom životu. Nadalje, čekat ću te. Sretno. Volim te, braćo!

Pravednici i odnos s Jahvom

Odnos s Jahvom

Uvijek zahvaljuj svom duhovnom ocu na svim blagodatima koje mu je davao tijekom njegova života. Osjećaj zahvalnosti i sreće što mu je Jahve dao život obveza je. Njegovo je ime sveto i pokriveno slavom u svim dijelovima svijeta. U slučaju nevolje ili potrebe za tim, sigurno će se otvoriti i pokazati konačno rješenje vašeg problema.

Govoreći o problemima, mnogi od njih imaju za uzrok djelovanje svojih neprijatelja. S povjerenjem se obratite mom ocu i svatko tko želi zlo spotaknut će se. Znajte da će Bog otac uvijek biti uz vas, samo imajte više povjerenja u njega. Pravednika otac uvijek odmara. Međutim, morate isprobati pristup sa svojim nesviđanjima. Neka vaš neprijatelj bude blizak i vjeran prijatelj ili barem ima prijateljski odnos. Intriga drži dušu u mraku, podalje od božanskog djelovanja i nema koristi od prigovaranja odsustvu, vi ste je sami udaljili svojim nezadovoljstvom i prezirom prema drugima. Razmisli o tome.

Da, Bog će vas voljeti i ispunjavat će vaša očekivanja u mjeri dobra koje ste učinili drugima. Obavezno se odreknite da će se njegovi ljudi boriti za vas u svakom unutarnjem i vanjskom ratu koji se dogodi. Moći će otvoriti more ili uništiti narode za svoje dobro jer ste mu se s vjerom okrenuli.

Čini to kako bi mogao pjevati svoju slavu i u zaprepaštenju njegova duša pridružiti se izabranim dušama da zauzdaju Isusa. Kraljevstvo Božje gradi se malo po malo i većina njegovih članova su siromašni i ponizni srca. U ovoj duhovnoj dimenziji među njezinim članovima postoje samo mir, sreća, vjera, jednakost, suradnja, bratstvo i ljubav bez ograničenja. Oni koji su krenuli slijediti put tame, sada su jezero od vatre i sumpora, gdje će ih danonoćno mučiti zbog težine svojih grijeha.

To se naziva božanska pravda. Pravda daje ono što svi s pravom zaslužuju i čini to u čast potlačenih, manjina, siromašnih koji pate, sve one male na svijetu koji pate podređeni konzervativnoj eliti. Pored pravde, božanska milost je pronađena i neprobojna za bilo koji um. Zato je Bog, netko tko će uvijek biti raširenih ruku da primi svoju djecu.

Što biste trebali učiniti

Upoznao sam božanskog oca u najtežem trenutku svog života, u trenutku kad sam bio mrtav i moje nade su nestale. Naučio me svojim vrijednostima i potpuno me rehabilitirao. To može učiniti i vama. Sve što trebate učiniti je prihvatiti radnju njegovog slavnog imena u njegovom životu.

Slijedim neke osnovne vrijednosti: Najprije ljubav, razumijevanje, poštovanje, ekvivalentnost, suradnja, tolerancija, solidarnost, poniznost, nevezanost, sloboda i predanost misiji. Pokušajte se brinuti za svoj život i ne klevetaste drugoga jer Jahve sudi srcima. Ako vas netko povrijedi, nemojte premišljati, okrenite drugi obraz i svladajte svoju ljutnju. Svi propuštaju i zaslužuju još jednu priliku.

Pokušajte zaokupiti svoj um radom i slobodnim aktivnostima. Nerad je opasan neprijatelj koji vas može dovesti do krajnje propasti. Uvijek se ima što učiniti.

Također nastojte ojačati svoj duhovni dio, često posjećujte crkvu i potražite savjet od svog duhovnog vodiča. Uvijek je dobro imati drugo mišljenje kada dođemo u sumnju oko neke odluke koju treba donijeti. Budite razboriti i učite na svojim pogreškama i uspjesima.

Iznad svega, budite svoji u svim situacijama. Nitko ne vara Boga. Ponašajte se jednostavno i uvijek budite vjerni da će vam Bog povjeriti još veće položaje. Njihova veličina na nebu bit će kvantificirana u njihovom služenju, najmanji dio zemlje bit će ukrašen posebnim mjestima, u blizini veće svjetlosti.

Dajem vam svu svoju nadu

Gospodine Jahve, ti koji dan i noć promatraš moje napore, molim te za vodstvo, zaštitu i hrabrost da i dalje nosim moje križeve. Blagoslovi moje riječi i postupke tako da budu uvijek dobri, proglasi blaženim moje tijelo, moju dušu i moj um. Neka se moji snovi ostvare nijedno more koliko god mogli biti. Nemojte mi dopustiti da se okrenem udesno ili ulijevo. Kad umreš, daj mi milost življenja s izabranima. Amen.

Prijateljstvo

Pravi prijatelj je onaj koji je s vama u lošim vremenima. On je taj koji vas brani dušom i životom. Nemojte se zavaravati. U doba sreća uvijek ćete biti okruženi ljudima najrazličitijih interesa. Ali u mračnim vremenima ostaju samo ona istinita. Uglavnom tvoja obitelj. Oni koji toliko toga impliciraju i žele njihovo dobro, pravi su prijatelji. Drugi se ljudi uvijek zbližavaju zbog prednosti.

"Sa mnom ćete jesti medeni kruh samo ako jedete travu sa mnom." Ova istinita fraza sažima kome bismo trebali dati istinsku vrijednost. Prolazno bogatstvo privlači mnoge interese i ljudi se transformiraju. Znati razmišljati o stvarima. Tko je bio s vama osiromašen? Upravo ti ljudi zaista zaslužuju vaš glas o povjerenju. Ne dajte se zavarati lažnim strastima koje bole. Analizirajte situaciju. Bi li taj netko imao isti osjećaj prema vama da ste siromašni prosjak? Meditirajte o tome i naći ćete svoj odgovor.

Onaj tko vas negira javno, nije vrijedan svoje ljubavi. Svatko tko se boji društva nije spreman biti sretan. Mnogi ljudi koji se boje biti odbijeni zbog svoje seksualne orijentacije javno odbacuju svoje partnere. To uzrokuje ozbiljne psihološke poremećaje i trajnu emocionalnu bol. Vrijeme je da preispitate svoj izbor. Tko te stvarno voli? Sigurna sam da ova osoba koja vas je javno odbila nije među njima. Ohrabrite se i promijenite putanju svog života. Ostavite prošlost iza sebe, napravite dobar plan i krenite dalje. Onog trenutka kad prestanete patiti za drugim i preuzmete uzde svog života, vaš će put biti lakši i lakši. Ne bojte se i zauzmite radikalan stav. Samo vas to može osloboditi.

Oprost

Oprost je izuzetno potreban za postizanje duševnog mira. Ali što znači oprostiti? Opraštanje nije zaborav. Oprostiti znači okončati situaciju koja vam je donijela tugu. Nemoguće je izbrisati sjećanja na ono što se dogodilo. Ovo ćete nositi sa sobom do kraja života. Ali ako zapnete u prošlosti, nikada nećete živjeti u sadašnjosti i nećete biti sretni. Ne dopustite da vam drugi oduzmu mir. Oprosti mi što napredujem i živim nova iskustva. Opraštanje će vas napokon osloboditi i bit ćete spremni za novu viziju života. Taj čovjek zbog kojeg ste patili ne može vam uništiti život. Pomislite da postoje i drugi dobri ljudi sposobni pružiti vam dobra vremena. Imajte pozitivan stav. Sve može postati bolje kad u to povjerujete. Naše pozitivne vibracije utječu na naš život na takav način da možemo trijumfirati. Nemojte imati negativan ili sitničav stav. To može dovesti do destruktivnih rezultata. Riješite se svega zla koje vam prolazi dušom i filtrirajte samo dobro. Samo zadržite ono što vam dodaje dobre stvari. Vjerujte mi, vaš će život postati bolji nakon ovog stava.

Iskreno razgovarajte sa svojom nesklonošću. Jasno objasnite svoja očekivanja. Objasnite da ste oprostili, ali nećete mu pružiti drugu priliku. Proživljavanje ljubavi iz prošlosti može biti vrlo destruktivno za oboje. Najbolji je izbor zauzeti novi smjer i pokušati biti sretan. Svi smo zaslužili sreću, ali ne vjeruju svi u nju. Znati čekati Božje vrijeme. Budite zahvalni na dobrim stvarima koje imate. Nastavite tražiti svoje snove i svoju sreću. Sve se događa u pravo vrijeme. Stvoriteljevi planovi za nas su savršeni, a mi ni sami ne znamo kako to razumjeti. Dajte svoj život u potpunosti Božjim nacrtima i sve će uspjeti. Prihvatite svoju misiju s radošću i imat ćete zadovoljstvo živjeti. Osjećaj opraštanja preobrazit će vaš život na način na koji nikada niste razmišljali, a taj će loši događaj biti samo zastarjela prepreka. Ako ne naučite iz ljubavi, učite s boli. Ovo je izreka primjenjiva na tu situaciju.

Pronalaženje puta

Svaka osoba ima određenu i jedinstvenu putanju. Nema smisla slijediti bilo kakve parametre. Važno je istražiti mogućnosti. Imati dovoljno informacija najvažnije je za profesionalnu ili ljubavnu odluku. Vjerujem da treba uzeti u obzir financijski čimbenik, ali on ne bi trebao biti presudan u vašoj odluci. Često nas čini sretnim nije novac. To su situacije i osjećaji određenog područja. Otkrijte svoj dar, razmislite o svojoj budućnosti i odlučite. Budite zadovoljni svojim odabirom. Mnogi od njih definitivno transformiraju našu sudbinu. Dakle, dobro razmislite prije izbora.

Kada napravimo pravi izbor, sve u našem životu savršeno teče. Pravi odabiri vode nas do konkretnih i trajnih rezultata. Ali ako pogriješite u svojoj odluci, promijenite svoje planove i pokušajte to ispraviti sljedeći put. Nećete nadoknaditi izgubljeno vrijeme, ali život vam je pružio novu šansu za uspjeh. Imamo pravo na svaku priliku koju nam život pruži. Imamo pravo pokušati onoliko puta koliko nam je potrebno. Tko nikada u životu nije pogriješio? Ali uvijek poštujte osjećaje drugih. Poštujte tuđe odluke. Prihvatite svoj neuspjeh.

To vam neće umanjiti kapacitet. Prigrlite svoj novi početak i nemojte više griješiti. Sjećate se što je Isus rekao? Možemo čak i oprostiti, ali morate se sramiti i promijeniti svoj stav. Tek tada ćete biti spremni biti ponovno sretni. Vjerujte u svoje kvalitete. Imajte dobre etičke vrijednosti i nemojte se nikome ponižavati. Napravite novu priču.

Kako živjeti na poslu

Posao je naš drugi dom, produžetak naše sreće. To mora biti mjesto sklada, prijateljstva i suučesništva. Međutim, to nije uvijek moguće. Zašto se to događa? Zašto nisam zadovoljan na poslu? Zašto sam progonjen? Zašto se toliko trudim, a još uvijek sam siromašan? O ovim i mnogim drugim pitanjima ovdje se može raspravljati.

Posao nije uvijek skladan jer živimo s različitim ljudima. Svaka je osoba svijet, ima svojih problema i utječe na sve oko sebe. Tu se događaju borbe i nesuglasice. To uzrokuje bol, frustraciju i bijes. Uvijek sanjate o savršenom radnom mjestu, ali kad je razočaranje u pitanju, donosi vam nelagodu. Kao rezultat toga bili smo nesretni. Njegov mu je posao često jedina financijska podrška. Nemamo mogućnost dati ostavku iako to često želimo. Otkažete i pobunite se. Ali u poslu ostaje iz nužde.

Zašto nas progone šefovi i suradnici? Mnogo je razloga: zavist, predrasude, autoritarnost, beznađe. Označava nas zauvijek. To stvara osjećaj manje vrijednosti i razočaranja. Užasno je čuvati mir kad želite vrištati svijetu koji je točan. Radite savršen posao i niste prepoznati. Ne dobivate komplimente, ali šef vas kritizira. Nadalje, pogađate tisuću puta, ali ako pogriješite kad vas jednom nazovu nesposobnim. Iako znam da problem nije u vama, on stvara trajne traume u vašem umu. Postajete radni objekt.

Zašto se toliko trudim, a siromašan sam? To mora biti odraz. Živimo u kapitalizmu, divljem ekonomskom sustavu u kojem se siromašni iskorištavaju kako bi stvorili bogatstvo za bogate. To se događa u svim sektorima gospodarstva. Ali zapošljavanje može biti opcija. Možemo poduzeti u gotovo svim sektorima s malo novca. Možemo stvarati svoje poslovanje i biti sami sebi šefovi. To nam donosi nevjerojatno samopouzdanje. Ali ništa se ne može učiniti bez planiranja. Moramo procijeniti pozitivnu i negativnu stranu kako bismo mogli odlučiti koji je najbolji način. Uvijek trebamo imati pozadinu, ali prije svega moramo biti sretni. Nadalje, moramo biti proaktivni i postati protagonisti naše povijesti. Moramo pronaći "mjesto susreta" svojih potreba. Sjetite se da vi jedini znate što je najbolje za vas.

Život s teško raspoloženim ljudima na poslu

Često na poslu naći ete svog najgoreg neprijatelja. Ta dosadna osoba koja vas progoni i izmišlja stvari da bi vas povrijedila. Drugi vas ne vole bez očitog razloga. Ovo je tako bolno. Živjeti s neprijateljima je užasna stvar. Potrebno je puno kontrole i hrabrosti. Moramo ojačati psihološku stranu kako bismo prevladali sve ove prepreke. Ali postoji i druga opcija. Možete zamijeniti posao, zatražiti prijenos ili stvoriti vlastiti posao. Promjena okruženja ponekad puno pomaže situaciji u kojoj se nalazite.

Kako se nositi s prekršajima? Kako reagirati pred verbalnim napadima? Mislim da nije dobro držati jezik za zubima. To daje lažni dojam da ste budala. Reagirati. Ne dopustite da vas itko povrijedi. Morate razdvojiti stvari. Jedno je da vaš šef prikuplja rezultate iz vašeg rada, a drugo je sasvim drugo da vas progoni. Ne dopustite da vam itko zaguši slobodu. Budite autonomni u svojim odlukama.

Priprema za samostalni prihod od rada

Da bismo mogli napustiti posao i biti neovisni, moramo analizirati tržište. Uložite svoj potencijal u ono što najviše volite raditi. Super je raditi na onome što volite. Sreću morate kombinirati s financijskim prihodima. Radite i stvorite dobru financijsku rezervu. Zatim uložite s planiranjem. Izračunajte sve svoje korake i korake. Istražite i konzultirajte stručnjake. Budite sigurni u ono što želite. Kako ide, sve će vam biti lakše.

     Ako prva opcija ne uspije, preispitajte svoj put i ustrajte u svojim ciljevima. Vjerujte u svoj potencijal i talent. Hrabrost, odlučnost, smjelost, vjera i ustrajnost bitni su elementi uspjeha. Stavite Boga na prvo mjesto i sve će se druge stvari dodati. Imajte vjere u sebe i budite sretni.

Analizirajući mogućnosti specijalizacije na studijama

     Studiranje je neophodno za tržište rada i za život općenito. Znanje nas agregira i transformira. Čitanje knjige, pohađanje tečaja, zanimanje i široki pogled na stvari pomažu nam da rastemo. Znanje je naša snaga protiv napada neznanja. Vodi nas jasnijim i preciznijim putem. Stoga se specijalizirajte za svoju profesiju i budite kompetentni profesionalac. Budite originalni i stvarajte potrošačke trendove. Oslobodite se pesimizma, riskirajte više i ustrajte. Uvijek vjerujte u svoje snove jer su oni vaš kompas u dolini tame. U njemu možemo učiniti sve što nas jača.

     Istražite svoje područje stručnosti. Stvorite mehanizme učenja. Izmislite se. Postati ono o čemu ste oduvijek sanjali može biti moguće. Potreban je samo jedan plan akcije, planiranje i snaga volje. Stvorite svoj uspjeh i bit ćete sretni. Vrlo uspješno za vas.

Kako živjeti u obitelji

Što je obitelj

Obitelj su ljudi koji žive s vama, bili oni u rodu ili ne. To je prva obiteljska jezgra čiji ste dio. Općenito, ovu skupinu čine otac, majka i djeca.

Imati obitelj od temeljne je važnosti za ljudski razvoj. Učimo i podučavamo u ovoj maloj obiteljskoj jezgri. Obitelj je naša baza. Bez nje smo ništa. Zato ovaj osjećaj pripadnosti nečemu ispunjava dušu ljudskim bićem.

Međutim, kad živimo s ljubomornim ili zlim ljudima, to može omesti našu osobnu evoluciju? U ovom slučaju vrijedi sljedeća izreka: "Bolje samo nego loše praćeno". Čovjek također treba rasti, osvajati svoje prostore i formirati svoju obitelj. To je dio prirodnog zakona života.

Kako poštovati i biti poštovan

Najveće pravilo življenja u obitelji treba biti poštovanje. Iako mogu živjeti zajedno, to drugom ne daje pravo da se miješa u njihov život. Potvrdite taj stav. Neka vaš posao, soba, ljudi budu odvojeni. Svaka obitelj mora poštivati svoju osobnost, postupke i želje.

Živite zajedno ili napustite dom i imate više privatnosti? Mnogi se mladi ljudi često pitaju ovo pitanje. Iz mog osobnog iskustva, vrijedi napustiti kuću samo ako imate bilo kakvu podršku izvan kuće. Vjerujte mi, usamljenost vam može biti najgori neprijatelj i može vas puno maltretirati.

Živio sam četiri mjeseca s izgovorom da ću biti bliže poslu. Ali zapravo, pokušavao sam pronaći ljubav. Mislila sam da će mi život u velikom gradu olakšati potragu. Ali to se nije dogodilo. Ljudi su se zakomplicirali u modernom svijetu. Danas prevladava materijalizam, sebičnost i opakost.

Prije sam živio u stanu. Imao sam svoju privatnost, ali osjećao sam se potpuno nesretnim. Nadalje, nikad nisam bio mlada stranka ili pio. Život sam ne privlači me toliko. Na kraju sam shvatio da su mi se odgovornosti povećale, a ne umanjile. Dakle, odlučio sam se vratiti kući. Nije to bila laka odluka. Znao sam da su okončali moje nade da ću nekoga pronaći. Ja sam iz LGBT grupe. Nezamislivo je da kod kuće dobijem dečka jer je moja obitelj potpuno tradicionalna. Nikad me ne bi prihvatili onakvu kakva jesam.

Došao sam kući razmišljajući o tome da se usredotočim na posao. U trideset šestoj godini nikada nisam pronašao partnera. Nakupio je pet stotina odbijanja i to se svakodnevno povećavalo. Tada sam se zapitao: Zašto ovo treba pronaći sreću u drugome? Zašto svoje snove ne mogu ostvariti sam? Sve što sam trebao je imati dobru financijsku potporu i mogao sam bolje uživati u životu. Ova misao da budemo sretni uz nekoga danas je gotovo zastarjela. Rijetko se to dogodi. Dakle, nastavio sam život sa svojim projektima. Ja sam književnik i redatelj.

Financijska ovisnost

Danas je najvažnije znati kako se nositi s financijskim problemom. Unatoč tome što živimo kao obitelj, svi moraju imati sredstva za život. Mnogo sam puta morao pomagati obitelji jer sam jedini koji ima stalan posao. Ali situacija je postala vrlo teška kad su me samo čekali. Zbog toga sam i ja napustio kuću. Morali su se probuditi u stvarnost. Pomoći je dobro kad vam ostane ostataka. Ali nije fer da radim i da drugi ljudi više uživaju u mom novcu nego ja sam.

Ovaj primjer pokazuje koliko je svijest važna. Moramo razdvojiti stvari. Svatko mora tražiti posao. Svatko može preživjeti. Moramo biti protagonisti naše povijesti i ne ovisiti o drugima. U današnjem svijetu postoje bolesne situacije. To nije ljubav. To je samo financijski interes. Ako vas ljubav prevari, donijet ćete samo patnju.

Razumijem da nije lako riješiti neke situacije. Ali moramo biti racionalni. Sin se oženio. Neka preuzme svoj život. Unuke za čuvanje? Nikako. To je odgovornost roditelja. Vi koji ste već u starosti trebali biste uživati u životu putujući i radeći ugodne aktivnosti. Ispunili ste svoju ulogu. Nadalje, ne želite se brinuti o tuđoj odgovornosti. To vam može biti vrlo štetno. Napravite unutarnji odraz i pogledajte što je najbolje za vas.

Važnost primjera

Kada govorimo o djeci, govorimo o budućnosti zemlje. Dakle, od najveće je važnosti da imaju dobru obiteljsku bazu. Općenito, oni su odraz okoline u kojoj žive. Ako imamo strukturiranu i sretnu obitelj, tendencija je da mladi slijede ovaj primjer. Zato je istina izreka: "Tko je dobar sin, dobar je otac." Međutim, to nije opće pravilo.

Često imamo mlade pobunjenike. Iako imaju divne roditelje, oni naginju zlu. U tom se slučaju ne osjećajte krivim. Uradio si svoj dio. Svako ljudsko biće ima svoju slobodnu volju. Ako je dijete odabralo zlo, snosit će posljedice. To je prirodno u društvu. Postoji dobro i zlo. Ovo je osobna odluka.

Odabrao sam dobro i danas sam zadovoljna, iskrena i korisna osoba. Primjer sam ustrajnosti i nade prema svojim snovima. Nadalje, vjerujem u vrijednosti poštenja i rada. Naučite to svoju djecu. Umiri dobro i uberi dobro. Mi smo plod naših napora, ni manje ni više. Svatko ima ono što zaslužuje.

Kraj

www.ingramcontent.com/pod-product-compliance
Lightning Source LLC
LaVergne TN
LVHW020438080526
838202LV00055B/5246